KB024589

짠테크로 생각보다

많이 모았습니다

짠테크로 생각보다 많이 모았습니다

홍승완 지음

경제지 홍 기자가 알려주는 똑똑한 절약의 기술

가디언

프롤로그
절약에도 기술이 필요하다

"곳간에서 인심 난다"라는 속담이 있다. 먹고 살 형편은 돼야 남을 도우며 인생도 즐길 수 있다는 뜻이다. 반대로 곳간이 텅 비어 있으면 다른 사람을 돌아볼 여력도, 심리적 여유도 없어진단 얘기다. 이 속담을 요즘 용어로 바꿔 말하면 "통장에서 인심 난다" 정도가 되겠다. 이 속담은 현대에 와서도 유효하다. 통장 속 금액이 쪼그라들수록 마음의 여유는 줄어들고 미래에 대한 불안감은 커진다.

"가난에는 이자가 붙는다." 미국의 가수 테이 존데이Tay Zonday는 자신의 트위터에 이런 제목의 글을 올렸다.

지금 가난하다는 건 나중에 더 가난해진다는 걸 의미한다. 지금 당장 치약, 칫솔을 살 돈이 없다면 내년엔 임플란트 비용을 청구받을 것이다. 지금 당장 그 혹을 검사받을 비용이 없다면 내년엔 3기 암 치료비를 내게 될 것이다.

그는 가난에 이자가 붙는다고 말했다. 맞는 말이다. 지금 나의 텅 빈 곳간(통장)을 뒷짐 지고 방치해선 안 되는 이유다. 악순환의 고리를 끊어야 한다. 곳간을 채우는 방법엔 두 가지가 있다. 곳간(통장)에 보관하는 곡식(수입)을 늘리거나 곳간에 넣어둔 곡식을 아끼기 중 하나다. 사회초년생이었던 나는 곳간에 넣어둔 곡식을 아끼기로 했다. 즉 내가 쥔 돈을 빠져나가지 않게 단단히 쥐고 있길 택했다. 주식 등 재테크로 10만 원을 더 벌기보다 10만 원을 아끼는 편이 더 쉽고 덜 스트레스 받는 방법이라고 판단했다.

우리는 보통 절약을 떠올릴 때 무조건 아끼는 것만 생각한다. 하지만 절약에도 기술이 필요하다. 곳간에 곡식을 성실하게 쌓아둔다 해도 어디선가 곡식을 축내는 쥐 한 마리가 있을지도 모를 일. 따라서 곳간을 수시로 들여다보며 문제점을 파악해야 한다. 또 자신도 모르는 사이에 곡식이 빠져나간다면 이를 다시 채워 넣는 보수공사도 병행해야 한다. 절약도 기술이라고 말하는 이유다.

책에는 텅 비었던 곳간(통장)을 조금씩 채워나가는 과정이 담겨 있다. 이 단계를 함께 밟아가다 보면 누구든지 이전과 달리 풍족해진 곳간을 가질 수 있다. 절약을 시작했더라도 곳간이 쉽게 채워지지 않는 이들에게 공감과 도움이 되길 바란다.

차례

3장 금융 지식, 그때 미리 알았더라면

에필로그

경제적 자유를 얻기 위한 첫걸음

입맛만
초딩인 줄 알았더니

오늘은 자바칩 프라푸치노 대신 아이스 아메리카노를 시켰다. 평소대로라면 일말의 망설임 없이 달달하고 달콤한 프라푸치노를 주문했을 것이다. 몸은 서른을 앞둔 남정네지만, 입맛은 여전히 초등학생에 멈춰 있었다. 하지만 이날은 달금한 프라푸치노 대신 쓴맛이 싫어 입에 대지도 않던 아메리카노를 주문했다. 갑자기 원두의 맛과 향을 즐기게 된 건 아니다. 단지 아메리카노가 자바칩 프라푸치노보다 무려 2,000원이나 더 저렴했기 때문이다.

여태 입맛만 초등학생인 줄 알았는데 통장 잔액도 또래 대비 꼬마 수준이었다. 서른을 코앞에 둔 지금까지 일을 안 한 것도 아니다. 지난 6개월 동안 서울 마포구에 있는 한 공공기관에서 '초단기계약직'으로 근무했다. 한 달 150만 원의 삶. 체감하는 돈의 크기는 저마다 다르지만, 당시 내겐 "이것밖에?"라기보단 "이 정도면!"이라고 느낄 만큼 부족하지 않은 액수였다. (술·담배를 안 하기 때문일 수도) 그런데 문제는 소비에 상한선(한계선)을 두지 않았다.

돌이켜보면 부끄러운 일이지만, 돈을 벌기 시작하고도 남들 다 하는 적금 하나 들지 않은 채 두 손 놓고 있었다. 소비는 원초적 본능에 충실했다. 먹고 싶은 것, 갖고 싶은 것이 생길 때면 월급 통장과 연동된 체크카드를 주-욱 긁었다. 친구를 만나면 밥을 사겠다며 우아하게 주-욱, 카페 신 메뉴가 나오면 한 번쯤은 맛봐야 한다며 아낌없이 주-욱. 그 결과 공공기관 초단기계약직 기간이 끝나갈 때쯤 내 통장 잔액은 놀랍게도 6개월 전과 별반 다를 바가 없었다. 그야말로 '주-욱'을 맛이었다.

2019년 시작과 동시에 '초단기계약직' 신분에서

언제 끝날지 모르는 '무기계약직' 백수 신분이 됐다. 백수가 과로사한다는 말은 유효했다. 남는 게 시간이다 보니 무료한 하루를 달래려 친구를 만나는 일이 잦아졌고 약속은 오히려 많아졌다. 시간이 지날수록 통장 잔액은 차츰 밑바닥을 보이기 시작했다. 수입이 뚝 끊긴 데다 지난 6개월간 돈을 차곡차곡 모아두지 않았던 탓이었으리라. 카페 앞에서 나의 태도는 완전히 변해버렸다. 이런저런 핑계로 주문을 미루고 싶었다.

나: 내가 요즘 커피만 마시면 밤에 잠을 못 지겠더라.

친구: 그럼, 커피 말고 차 마시면 되지. 여기 디카페인도 있네.

1인 1 메뉴가 원칙인 카페에서 음료를 주문하지 않고 자리에 앉는 건 임대료를 내지 않고 공간을 차지하는 일종의 '불법 점유'다. 주문을 기다리는 동안 카페 메뉴판에 적힌 숫자들을 낮은 가격순으로 재빠르게 정렬했다. 카페에선 차나 에이드도 커피 못지 않게 비싸다. 이럴 땐 아메리카노가 훌륭한 구원자다. 쓰기만 하고 물보다 못한 맛이지만, 가격만 놓고 보면 사실 이만한 메뉴도 없었다. 주머니 사정에 따라서 취향과 입맛을 내려놓을 줄도 알아야 한다.

주문한 지 얼마 지나지 않아 아메리카노가 나왔다. 아메리카노가 첨벙첨벙 흘러넘칠 때까지 걸쭉한 시럽을 들이부었다. "그래 이거지."

나는 이날 잔액을 쥐어짠 짠맛, 입맛을 포기해야 했던 쓴맛, 그리고 시럽의 단맛이 뒤죽박죽 뒤섞인 아메리카노를 홀짝홀짝 들이마셨다.

애매한 돈은 사람도 애매하게 만든다

통장 잔액이 단순해질수록 머릿속은 복잡해졌다. 무언가 하나를 사 먹거나 장바구니에 물건을 담을 땐 신중에 신중을 기했다. 통장에 찍힌 액수는 작고 귀여운데, 소비할 때마다 잔액 앞자리가 빠르게 추락

하는 공포는 크고 두려웠다. 내가 살 물건이 할인 대상 품목인지, 최소 몇 개를 사야 이득인지 등을 따지기 위해 머릿속 계산기를 신명 나게 두들겼다.

　최근엔 10년 전쯤 한 라디오 방송에서 들었던 이야기가 문득 떠올랐다. 한 청취자가 보낸 문자 메시지였는데, 진행자와 출연진에게 큰 공감을 샀다. "마트에서 가격표를 보지 않고 물건을 장바구니에 담을 때 자신이 경제적으로 나아졌단 걸 느낀다"라는 메시지였다. 그 후 10년이 훌쩍 지난 지금, 오래전 들었던 이 사연에 절실히 공감하는 중이다. 먼저 물건이 장바구니에 담기려면 '서류 전형 → 1차 넌섭 → 2차 프레젠테이션 → 3차 그룹토론 → 4차 최종면접' 따위의 복잡한 절차가 필요했다. 마트 진열대에 놓인 물건을 눈앞에 두고 한동안 멍하니 서 있는 일이 잦았다. 이걸 오늘 꼭 사야 할지, 더 저렴하게 구매할 방법은 없는지 등을 끊임없이 되물었다. 이런 과정을 거치지 않으면 통장 잔액 앞자리가 순식간에 달라질 게 불 보듯 뻔했다. 아슬아슬 위태로워 보이는 통장 잔액 앞자리는 탈모인의 머리카락 한 올처럼 반드시 사수해야만 하는 것이었다.

　우리가 돈이 없지 가오가 없냐?

　관객들이 꼽은 영화 〈베테랑〉의 명대사 중 하나다. '가오'는 얼굴을 뜻하는 일본어 '가오顔·かお'를 뜻하니 우리말로 바꾸면 '체면' 정도가 적당하겠다. 하지만 영화 속 명대사와 달리 현실에선 돈이 없을 때 체면을 잠시 내려놓아야 할 때도 있다. 초단기계약직이 만료된 뒤 내겐 독특한 검색법이 생겼다. 예를 들어 지인과 만나기로 한 날 식당을 고를 때 약속 장소 뒤에 '가성비'를 덧붙여 검색하는 식이다. 약속 장소가 '왕십리역'이라면 포털 사이트에 '왕십리역 가성비'를 검색해 식당을 찾았다. 다른 친구들은 보통 동네 이름 뒤에 '맛집' 혹은 '오빠랑'(커플들의 맛집 데이트 후기가 많다고 한다)을 검색해 식당을 물색했다. 난 처음 먹어보는 음식보단 실패하지 않을 적당

17

한 메뉴, 3인분 같은 2인분을 갖춘 식당 찾기에 매진했다.

애매한 돈은 사람도 애매하게 만들었다. 애매한 사람으로 살아가길 약 6개월 차가 되던 날, 인생 첫 '정규직' 사원이 됐다. 지금껏 영상 촬영 일용직 알바와 1개월 단기 알바, 12개월 초단기계약직을 전전하다 얻은 일자리였다. 미래에 대한 불안감에 전전긍긍해오던 일상도 이제 마침표를 찍을 거라 기대했다. 회사 첫 출근을 2주 앞두고 발급받은 급여통장. 갓 개설한 빳빳한 통장에 적힌 '맡기신 금액 0원'. 서른을 코앞에 둔 남자의 통장 잔고 0원의 삶. 끝날 줄 알았던 전전긍긍의 삶은 이제 본격적인 시작이었다.

아끼는 게 버는 거다

"괜찮아. 이제라도 모으면 돼." 첫 월급을 받기까지 한 달도 더 남은 시점이었지만 이날은 목표 저축액을 미리 정해보기로 했다. 목표를 정하는 데 돈이 들진 않으니. 목표 저축액은 3년 안에 5000만 원. 여러 재테크를 비롯해 창업 등 무언가 시도하려면 필요한 최소한의 자금이 5000만 원이라던 한 전문가의 조언이 떠올랐다. 목표는 정해졌다. 이제 5000만 원을 무슨 수로 모을 것인가.

지난 2020년 코로나19가 전 세계적으로 확산하면서 주식시장이 크게 하락한 뒤 급반등한 적이 있다. 국내 개인 투자자들 사이에서 투자 열풍이 분 것도 이때다. 쌀 때 사서 오를 때 파는 주식 단타로 짭짤한 용돈을 벌었다는 지인들의 이야기를 들을 땐 귀가 쫑긋했다. 가만히 앉아 클릭 몇 번에 20~30만 원 정도를 손쉽게 버는 방법이었다. 이만한 불로소득不勞所得이 없었다. 3년간 5000만 원이라는 목표 저축액에 도달하는 과정에서 어쩌면 주식이 시간과 노력을 아낄 만능키가 되지 않을까 하는 생각이 스멀스멀 올라왔다.

그런데 알면 알수록 주식은 '불로소득'과 거리가 멀었다. 주식 단타로 용돈을 벌었단 이야기 이면엔 보이지 않는 '극한의 노동'이 숨어 있었다. 그것도 육체적·정신적 노동이었다. 오전 9시 주식시장이 열림과 동시에 스마트폰이든 컴퓨터든 모니터 화면을 집중적으로 응시한다. 쌀 때 사서(저점 매수) 오르면 판다(고점 매도)는 전략으로 돈을 벌기 위해선 '타이밍 싸움'이 가장 중요하기 때문. 잠시 한눈판 사이 팔아야 할 타이밍을 놓쳐 손해를 볼 땐 극심한 스트레스를 동반한다. 한 지인은 하루 종일 일이 손에 잡히지 않을 정도라고 했다. 예를 들어 "더 늦게 팔걸", "그냥 가지고 있을걸"과 같이 자신의 행동을 후회하는 식이다.

퇴근 후엔 자신이 눈여겨본 종목의 주가 동향과 시장 전체 흐름도 줄줄 꿰어야 했다. 주식을 하려면 화분에 식물을 키우듯 느긋하게 기다릴 줄도 알아야 한다. '투자의 대가'로 불리는 워런 버핏도 "변화에 무덤덤해져야 한다"라고 조언하지 않았던가. 하지만 나는 그와 정반대였다. 자그마한 변화에 무덤덤하기는커녕 남들보다 몇 배는 더 민감하게 받아들였다.

식당에서 카드 결제가 잘 안 돼 점원이 카드를 몇 번씩 앞뒤로 긁을 땐 결제가 여러 번 되는 건 아닐지 노심초사할 정도였으니까.

NH투자증권에 따르면 2020년 11월 기준 남성 투자자의 평균 수익률은 18.3%. 이 중 20대 남성의 주식 투자 수익률은 3.8%에 그쳤다. 100만 원을 투자하고 3만8,000원 수익을 본 셈이다. 주식으로 인한 육체적·정신적 노동을 고려했을 때 주식은 내게 '가성비'가 썩 좋지 않은 재테크다. 차라리 한 달에 3만8,000원을 아끼는 편이 더 이득이겠단 생각이 들었다. 아니 오히려 그게 더 쉽고 빠르겠다고 판단했다.

수중에 있는 돈을 불리기 위한 방법으로 주식이나 펀드와 같은 재테크를 꼭 시작해야 할까 자문했다. 재테크란 재무와 테크놀로지Technology를 합친 단어로 내가 쥔 돈을 효율적으로 운용해 최대 이익을 창출한다는 뜻이다. 하지만 반대로 내가 쥔 돈을 빠져나가지 못하게 꽉 쥐고 있는 것도 재테크가 될 수 있다. 절약도 나름 기술(테크놀로지)이 필요한 영역이다. 그리고 무엇보다 100만 원 투자로 10% 수익을 내 10만 원을 벌기보다 차라리 10만 원을 아끼는 편이 훨씬 쉽고, 빠르고, 덜 스트레스 받는 방법이다. 적어도 내겐 그랬다. 이것이 내가 '짠내' 생활을 시작하기로 한 이유다.

맛없는 일상에 간을 맞춰준 짠내 생활

'짠내 생활'은 마냥 안타깝고 궁상맞을까. 머릿속으로 하늘색을 한번 떠올려보자. 아마 대부분 맑게 갠 푸른색 하늘을 떠올렸을 것이다. 베스트셀러 『1cm+』를 쓴 작가 김은주는 보통 하늘색을 떠올리라고 하면 누구나 옅은 파란색을 말한다고 한다. 하지만 옅은 파란색만이 전부는 아니다. 김 작가는 일출 무렵 황금빛으로 물든 하늘, 노을 진 서쪽 하늘에 붉게 물든 하늘도 모두 하늘색이라고 했다. 비 오는 날 먹구름 낀 회색빛 하늘, 늦은 밤 어두컴컴한 하늘, 쌀쌀한 기운이 감도는 푸른 새벽녘도 모두 하늘색인 셈이다. 절약도 마찬가지다. 과거 미디어에선 절약하는 이들을 두고 매우 인색한 구두쇠나 짠돌이로 묘사했다. 그런 탓에 절약하는 이들을 바라보는 우리의 시선도 미디어와 크게 다르지 않았다.

하지만 최근 코로나19로 경제적 불안감이 엄습해오고 미래에 대한 불확실성이 커지면서 삶의 방식은 차츰 변하는 모양새다. 불과 몇 년 전만 하더라도 "한 번뿐인 인생을 후회 없이, 현재를 즐기자"를 외치는 욜로YOLO, You Only Live Once 라이프가 유행했다. 그런데 지금은 "욜로 하다 골로 간다"는 우스갯소리가 나온다. 절약은 이제 궁상맞고 피곤한 구시대적 삶의 방식이 아니다. 자신의 미래를 위해 스스로 절제할 줄 아는 똑똑한 소비 스타일로 변모하는 중이다.

짠내 생활을 통해 느낀 또 한 가지는 절약이 때론 무미건조한 일상에 간을 맞춰준다는 것. 우리가 혀에 있는 감각 기관으로 단맛과 쓴맛, 신맛, 짠맛, 감칠맛을 느끼듯 절약은 돈 아끼는 맛, 모으는 맛, 값지게 쓰는 맛을 남들보다 더 진하게 느끼도록 만들어

준다. 이는 절약하지 않고서는 절대 모를 미각의 세계다. 3년간 5000만 원 모으기가 괴롭지 않고 즐거운 여정이 될 수 있는 이유다.

세 줄 핵심 포인트 💎

- 입맛만 초딩인 줄 알았더니 통장 잔고도 꼬마 수준
- 절약을 통해 '텅장'(텅빈 통장)에서 벗어나기로 했다.
- 내겐 주식으로 10만 원 벌기보다 10만 원 아끼기가 쉽게 다가왔다.

선택약정 몰라 통신비 더 내는 1200만 명⋯ 혹시 나도?

같은 스마트폰을 3년째 이용 중인 직장인 A 씨. 그는 스마트폰을 살 때 가입했던 2년 약정이 만료돼 '선택약정 할인' 대상자다. 따라서 A 씨는 매달 통신비를 25% 할인받을 수 있다. 하지만 그는 자신이 할인 대상자인지도 몰라서 내지 않아도 될 통신비를 더 내는 중이다. A 씨처럼 통신비 감면 대상자인데도 선택약정 할인을 신청하지 않은 이들이 1000만 명을 넘어섰다고 한다. 이들은 매달 통신비를 약 1만 원씩 더 내고 있다.

먼저 선택약정 할인은 매달 통신요금의 25%를 할인해주는 제도다. 단말기 구매 시 지원금을 받지 않는 사용자가 가입할 수 있다. 중고폰·자급제폰 이용자나 기존 약정이 만료된 이용자도 가능하다. 이 제도는 '이동통신단말장치 유통구조 개선에 관한 법률(단말기 유통법)'

과 함께 지난 2014년 10월 도입됐다. 도입 당시 20% 였던 할인율은 2017년 25%까지 올랐으며 2021년 3월까지 총 2765만 명이 이용했다.

안타깝게도 여전히 많은 소비자는 재약정이 가능한지 몰랐거나 재약정 알림 문자메시지를 스팸으로 오인해 통신비 할인 혜택을 못 받고 있다. 과학기술정보통신부(과기부)에 따르면 통신비 할인을 받을 수 있는데도 이 제도에 가입하지 않는 이용자는 2020년 12월 기준 1200만 명. 이는 전체 선택약정 할인 대상자의 3분의 1수준이다. 또 이들이 놓친 통신비 할인 규모는 연간 약 1조 원에 달한다. 본인이 선택약정 할인 대상자인지 궁금하다면 스마트폰이나 PC로 '스마트초이스' 사이트에 접속해 확인해보자. 만일 대상자라면 가입한 통신사에 약정 요금 할인을 언제든 신청할 수 있다. 세금에 다양한 절세 방법이 있듯 통신요금도 아는 만큼 저렴해진다.

절약과 근육 사이의
묘한 공통점

단단하고 매끈한 근육을 만들기 위해선 역설적이게
도 근육에 손상을 가해야 한다. 흔히 근육을 찢는다
고 표현한다. 우리가 자신의 몸무게 만한 혹은 그 이
상의 운동 기구를 드는 것도 근섬유(근육을 구성하는
기본 단위로 근섬유가 모여 근육을 이룸)를 찢으려는 목
적이다. 무거운 기구를 들고 나면 근섬유에 상처가
생기는데 이를 회복하는 과정에서 염증과 통증이 동
반된다. 우리가 허벅지 운동을 하고 나면 다음 날 계
단을 오르내릴 때 다리가 덜덜 떨리는 것도 그런 이
유 때문이다. 근육이 손상을 입은 뒤 단백질을 비롯
해 각종 영양분을 충분히 섭취하고 휴식을 취하면

찢어진 부분은 점차 회복된다. 그렇게 근육은 이전보다 더 크고 강해진다. 근육을 이루는 근섬유가 더 굵어지고 길어지기 때문. 그리고 이런 과정은 절약을 통한 저축과도 묘하게 닮아 있다.

엄격한 소비 통제는 나도 모르는 사이에 탄탄한 '돈 근육'을 만들어준다. 월급 안에서 저축과 지출, 비상금 등을 촘촘히 나눠 예산을 세우다 보면 '이번 달은 이만큼만 써야 한다'라는 한계선이 정해진다. 그리고 이 한계선을 넘기지 않기 위해 소비 기준이 매우 엄격해진다. 먹고 싶은 것, 사고 싶은 것 등이 정말 내게 필요한 것들인지 스스로 따져보는 식이다. 그러다 보니 두고두고 사고 싶었던 물건을 집었다 다시 내려놓는 일은 일상다반사가 된다. 이런 순간이 차츰 쌓이다 보면 때론 나 자신에게 작은 스크래치를 남기기도 한다. "이렇게까지 해야 하나…." 이런 한숨 섞인 혼잣말이 가슴을 긁고 지나가는 생채기다. 하지만 이 시기가 지나고 나면 남들보다 몇십만 원 더 저축할 수 있는 '단단한' 소비 체질로 바

꿰게 된다. 그리고 몇십만 원 더 저축하는 체질이 수년간 이어질 땐 향후 수천만 원의 자산 격차를 만들어낼 수도 있다.

앞서 절약을 통한 소비 통제가 탄탄한 '돈 근육'을 만들어준다 했지만 사실 짠내 생활 이전엔 돈 물렁살에 가까웠다. 월급을 받고 나면 기어코 통장 잔액이 밑바닥을 보일 때까지 돈을 썼다. 소비에 절제와 절약은 없었다. 세 살 버릇 여든 간다는 말은 유효했다. 돈을 벌기 시작한 뒤로 올바른 소비와 저축 습관을 들여놓지 않은 결과 서른을 앞둔 내게 남은 건 비루한 통장 잔액이었다.

'좋아요'를 받아도 내 삶은 좋아지지 않았다

처음으로 정기 월급을 받았던 건 스물다섯 살 때다. 대학교 3학년이던 나는 일본 도쿄 신주쿠에 있는 한 정부기관에 파견돼 약 1년간 영상PD로 일했다. 월급은 150만 원 수준. 당시 일하던 곳에서 도보로 약

8분 거리에 있는 맨션(뭔가 있어 보이지만 3평짜리 원룸)에 살았다. 다행히 일본의 살인적인 교통비는 피할 수 있었다. (일본 지하철 승차권 가격은 이동 거리에 따라 약 1,700~3,200원 수준. 환승 할인도 없다.) 다달이 나가는 월세와 공과금 약 75만 원 정도를 제외하면 내 손엔 70만 원가량이 남았다. 그 돈으로 식비와 교통비를 충당해야 했다. 매달 5~10만 원이라도 꾸준히 모아보자고 다짐했다. 한국에 돌아갈 때쯤 종잣돈 100만 원이라도 만들어 취업 준비 비용으로 요긴하게 써 보잔 심산이었다.

하지만 SNS를 시작하면서 계획은 산산조각 났다. 어쩔 땐 다음 달 월급을 받기도 전에 돈을 다 써버려 본가에 돈을 구걸하기도 했다. 그럴 때 불편한 마음을 없애려 돈을 다 쓸 수밖에 없었던 이유를 잘도 찾아냈다. 다음 달에 돈을 덜 쓰면 해결될 일이라고 자기 합리화했다. 스스럼없이 돈을 낭비했던 행동들은 그저 단발성이었다고 믿는 '정신승리법'이었다. 그렇게 나의 소비 습관은 차츰 망가져 갔다.

인싸와 아싸 그 중간쯤인 '그럴싸'의 삶을 살던 나는 SNS를 시작한 뒤로 유행에 민감한 사람이 됐다. 남이 보는 나를 의식하기 시작한 것도 그쯤이다. 술을 좋아하지 않던 내가 사진을 찍기 위해 도쿄 시부야에 있는 바를 찾아다닐 정도였으니. 알코올 대신 SNS에서 친구들이 눌러주는 '좋아요'에 취했다. 하지만 '좋아요'를 많이 받는다고 삶이 좋아지진 않았다. 일본에서 1년간 영상PD로 일하면서 모은 돈은 0원의 근사치. 심지어 일본을 떠나기 하루 전엔 교통비조차 없어 또다시 가족에게 SOS를 요청했다. 돈을 낭비해온 내 모습이 '진짜'가 아니라며 여태껏 부정해왔지만, 귀국 하루 전 한 푼도 모으지 못한 현실을 보며 깨달았다. 모든 것이 통째로 '진짜'였음을.

세 줄 핵심 포인트 💎

- 월급을 받으면 기어코 통장 밑바닥까지 소비했다.
- SNS에서 타인을 의식한 소비가 나를 가난하게 만들었다.
- 올바른 저축 습관이 향후 수천만 원의 자산 격차를 만든다.

절약의 첫 시작은
SNS 탈퇴다

나를 꽁꽁 옭아매던 SNS라는 허물을 벗어던지기로 했다. 보통 뱀은 1년에 한 번 이상 허물을 벗는다. 제때 허물을 벗지 못하면 비늘이 딱딱하게 굳어 성장하지 못해 급기야 죽음에 이를 수 있다. 뱀에게 허물 벗기란 생존과도 직결되는 문제다. 나 역시 SNS 탈피를 통해 생존의 문제이자 양 떼 무리에서 벗어나겠다는 선언을 한 것이다. 심리학 용어에 따르면 '양 떼 효과'란 무리에서 동떨어지거나 뒤처지는 것이 두려워 다른 이들을 맹목적으로 따라 하는 현상을 말한다. 자신에게 필요 없는 물건이라도 주변 사람이 모두 사용하거나 인기를 끄는 경우 덩달아 자신도 구매하는 심리다.

SNS는 눈[이다. SNS를 한글 키보드로 치면 재밌게도 '눈'이란 단어가 입력된다. SNS를 할수록 남들 시선에서 자유로울 수 없는 이유가 이 때문인 걸까. 각 SNS엔 저마다 특징이 있다. 페이스북은 "내가 이렇게 잘살고 있다", 인스타그램은 "내가 이렇게 잘 먹고 있다", 카카오스토리는 "내 아이가 이렇게 잘 크고 있다"다. 트위터는 "내가 이렇게 이상하다"라나. 나는 일본에서 처음 인스타그램을 시작했다. 이때 내 SNS는 페이스북과 인스타그램의 특징을 모두 모아놓은 곳이었다. '내가 이렇게 잘 먹고 잘 산다'를 남들에게 보여주는 공간이었다. 새하얀 식탁보에 정갈하게 차려진 먹음직스러운 요리가 평범한 일상인 것처럼 SNS를 꾸몄다. SNS 밖 진짜 일상은 달걀프라이나 구워 먹는 삶이었으면서.

다른 사람과 나를 비교하는 일이 잦아졌다. 틀린 그림 찾기 하듯 다른 사람의 SNS 속에서 내게 없는 것들을 찾아냈다. 그럴 때면 묘한 구매 욕구가 옆구리를 콕콕 찔렀다. 시각의 사각地角이다. 운전석 핸들은 내가 쥐고 있지만, 방향지시등은 타인이 깜빡거리는 모양새였다. 타인이 가진 '저 물건'이 없어도 지금까지 잘 살아왔는데 저 물건을 갖게 되면 내 일상이 극적으로 바뀔 것만 같았다. "남들 다 있는데 나만 없어." "뒤처지는 건 아닐까?" 빈 공간을 채워 넣는 테트리스처럼 내게 없는 것들을 하나씩 사들였다. 블록이 차곡차곡 쌓여 나를 완성품으로 만들어 준다고 생각했다. 하지만 테트리스가 다 끝난 뒤에도 또다시 빈 공간을 채워 넣는 블록 쌓기가 나를 기다리고 있었다.

마실수록 갈증 나는 바닷물 같다

SNS에 빠진 계기는 남들에게 인정받고 싶었던 높은 욕구 때문이었다. 합격증이나 자격증과 같은 자기계발로 남들에게 인정받기 위해선 시간과 노력이 필요하다. 하지만 SNS는 그 모든 과정을 '순삭'(순식간에 삭제)한다. 고급스러운 분위기의 식당이나 카페에서의 음식 사진을 SNS에 올릴 때마다 실시간으로 달리는 댓글과 좋아요가 인정욕구를 즉각적으로 채워줬다. 하지만 SNS로 채우는 인정욕구는 마시면 마실수록 갈증이 나는 바닷물과 같았다. 악순환의 연속이었다. SNS를 화려하게 꾸밀수록 현실 속 나는 빈곤해졌다. 분수에 맞지 않게 남들을 따라 하다 재정 상태는 회복 불능에 이르렀다. 돈은 뜨겁게 사랑하고 차갑게 다루는 것이라던데 나는 그와 정반대로 행동했다. 돈을 쓸 때 이성보다 감정이 앞섰단 뜻이다. 비합리적인 소비 사슬을 끊어야 했다. 나는 서른을 앞두고 SNS와 결별했다. 소비의 기준을 타인의 시선과 평가가 아니라 오로지 나 자신에 두겠단 선언이었다.

허물이란, 파충류가 자라면서 벗는 껍질이란 뜻도 있지만 자신이 저질렀던 잘못이나 실수를 가리키기도 한다. 나는 이날 SNS라는 허물을 벗어던짐과 동시에 남이 보는 나에 매몰돼 허투루 돈을 썼던 지난날의 실수를 반복하지 않기로 했다. 뱀이 처절하게 허물을 벗듯 나도 허물을 벗기 위해선 처연한 몸부림이 필요했다.

세 줄 핵심 포인트 💎

• 절약 시작과 동시에 SNS를 탈퇴했다.
• SNS를 할수록 현실 속 나는 궁핍해진다.
• 앞으로 소비 기준을 타인이 아닌 나 자신에 둔다.

기프티콘, 정가에 사면 호구인가요?

마음을 전하는 온라인 선물하기, 즉 기프티콘도 남들
보다 저렴하게 구매하는 방법이 있다. 스마트폰 앱 '일
상카페'에서는 2022년 6월 기준 국내 119개 브랜드(편
의점·카페·식당 등) 기프티콘을 최대 18%까지 할인된 가
격으로 구매가 가능하다. 'BHC 뿌링클+콜라 1.25L'
기프티콘이 정가로는 2만 원이지만 일상카페 앱에선
12% 할인된 가격인 1만7,600원에 구매할 수 있다. 기
프티콘을 할인된 가격으로 구매하면 개인이 판매하는
중고거래나 누군가 사용한 상품은 아닐지 우려하는
이들도 있다. 하지만 일상카페는 중고 기프티콘이 아
니라 브랜드와 제휴를 맺어 할인된 가격에 판매하는
기프티콘인 만큼 그런 걱정은 하지 않아도 된다.
카카오톡이 아닌 다른 앱을 통해 기프티콘을 보내면

"내가 이미 가지고 있는 기프티콘을 준다고 상대방이 생각하지 않을까" 우려하는 이들도 있다. 하지만 일상 카페를 통해 구매한 기프티콘은 카카오톡 선물하기와 동일하게 선물받을 친구에게 메시지 카드도 함께 보낼 수 있다. 게다가 친구나 가족 등 소중한 사람들의 생일이나 기념일을 따로 저장할 수 있는 공간이 있고 알림 기능까지 있어 지인들에게 합리적인 가격으로 기프티콘을 보낼 수 있다.

기프티콘도 엄연히 돈이다. 다시 말해 안 쓰는 기프티콘을 환불해 현금화할 수 있다. 먼저 카카오톡을 통해 선물받으면 90일이 지난 후부터 기프티콘 하단에 취소·환불 버튼이 생긴다. 이 버튼을 누르면 "쿠폰을 취소하면 연장·사용이 불가하며 구매금액의 90%만 환불된다"는 알림이 뜬다. 수수료 10%를 차감한 만큼 환불받는 셈. 카카오톡 기프티콘은 90일 동안 환불 기회 자체가 주어지지 않기 때문에 받은 선물이 마음에 들지 않더라도 최소 3개월 이상 기다려야 한다. 알림을 읽고 확인 버튼을 누르면 기프티콘이 회색으로 바뀌면서 비활성화된다. 그다음 기프티콘 아래 환불 정보 입력으로 들어가 은행과 계좌번호를 입력한 뒤 환불 신청을 완료하면 내 계좌로 환불 금액이 입금된다. 환불 이후에는 내 카카오톡으로 "영업일 3일 이내에 입력한 계좌로 환불된다"는 메시지가 온다.

상대방은 내가 환불한 사실을 알까. 기프티콘을 환불해도 선물한 친구에게 알림이 가지 않으니 안심해도 된다. 3개월 이상 기다리기 어렵다면 기프티콘을 직거래할 수 있는 앱 '팔라고'를 이용하면 된다. 팔라고 앱에서 사진과 PIN번호, 판매가 등 기프티콘 판매 정보를 등록하면 끝. 또 판매자들이 자율적으로 기프티콘 판매 가격을 정하는 만큼 카카오톡 환불보다 더 비싼 가격에 판매할 수 있다. 무엇보다 기프티콘 만료 시점까지 기다리지 않고도 현금화할 수 있다는 것이 장점이다. Ⓦ

오늘부터 한 달 지출 반토막 내기

당신의 톱니바퀴는
얼마짜리인가요

요즘 출·퇴근길의 낙은 운전자 시점에서 찍은 자동차 주행 영상 감상이다. 독일 자동차 3사(벤츠·아우디·BMW) 차를 타는 기분을 내며 대리만족 중이다. 영상을 보면서 고급 차량의 차주가 된 기분을 내길 며칠째. 유튜브 알고리즘에 따라 중고차 판매 관련 영상이 추천 영상으로 뜨기 시작했다. 아무래도 유튜브가 나를 자동차 구매 잠재 고객으로 판단했나 보다. 헌데 내가 새 차를 살 경제력은 안 되는 이용자로 판단했는지 주구장창 중고차 콘텐츠만 추천에 떴다. (유튜브는 참으로 똑똑했다.)

그러던 중 이날은 '카푸어' 콘텐츠에 한참 머물렀

다. 카푸어란 자동차를 뜻하는 카^{Car}와 빈곤하단 뜻의 푸어^{Poor}를 합친 단어다. 요즘엔 빈곤이란 뜻이 카푸어들의 심기를 건드려서인지 쏟아붓는다는 뜻의 푸어^{Pour}를 사용하는 이들도 있다. 카푸어란 단어를 통해 알 수 있듯이 카푸어는 자동차 구매와 유지비용을 감당하느라 돈에 쫓기는 이들을 말한다. 이날 한 중고차 유튜브 채널엔 월 200만 원을 버는 20대 남성이 5000만 원짜리 국산 고급 SUV를 선납금 없이 60개월 전액 할부로 산 사연이 올라왔다. 당연히 풀옵션이다. 여기에 취득세까지 합하면 약 6000만 원이 된다. 할부 원금에 이자까지 더하면 매달 약 98만 원이 통장에서 빠져나가는 셈이다. 이뿐만이 아니다. 매년 빠져나가는 보험료 350만 원을 추가하면 한 달 동안 차 유지비만 130만 원꼴. 여기에 기름값까지 포함하면 이 남성에게 남는 한 달 여유 자금은 약 20~30만 원쯤 된다.

한 중고차 전문 유튜버는 자신의 수입 범위를 훨씬 초과해 고가의 차량을 구매하는 이들에겐 대표적인 특징이 있다고 말했다. 바로 큰돈을 '벌어본' 경험이 있다는 점이다. 한 달 수입이 꾸준히 400만 원인 것이 아니라 한 달에 400만 원을 '벌어본' 경험이 있단 뜻이다. 어느 달은 100만 원, 다른 달은 200만 원이 통장에 찍힐 때도 있지만 이들의 소비 수준은 늘 400만 원을 벌었던 때로 고정돼 있다.

한 번 늘어난 소비는 쉽게 줄어들지 않는다

A 군은 매달 엄마에게 용돈 20만 원을 받았다. 근데 이번 달엔 그 두 배인 40만 원이 통장에 들어왔다. A 군은 최근 시험 성적이 올라 용돈도 덩달아 올랐다고 생각했다. 기쁜 마음에 A 군은 평소 갖고 싶었던 최신 전자제품을 샀고, 미용실에선 10만 원짜리 파마도 했다. 하지만 몇 달 뒤 A 군은 청천벽력과도 같은 소식을 듣게 된다. 아빠의 실수로 지금까지 용돈이 중복지급되었고, 이를 안 엄마는 A 군에게 "지금까지 용돈을 20만 원 더 줬으니 당분간 용돈을 10만

원만 주겠다"라는 것이다. 그렇다면 지금껏 40만 원에 맞춰져 있던 A 군의 소비 습관은 고무줄처럼 10만 원 수준으로 줄어들 수 있을까? 안타깝게도 A 군은 40만 원을 쓰던 습관에 익숙해져 소비를 줄이기 쉽지 않을 것이다.

미국의 경제학자 제임스 듀젠베리는 1949년 자신의 박사학위 논문 「소득, 저축 및 소비자행태이론」에서 위와 같은 현상을 '톱니바퀴 효과'라고 정의했다. 이는 특정 수준에 도달한 소비 수준을 이전으로 되돌리기 어렵다는 점을 가리키는 용어다. 한쪽으로 돌기 시작하면 반대 방향으로 되돌리기 힘든 톱니바퀴의 특성을 소비 습관에 빗댄 것이다. 듀젠베리는 소비와 과거 소득과의 관계를 '비가역성'으로 설명했다. 비가역성이란 변화를 겪은 물질이 본래 상태로 돌아오지 않는 성질을 뜻한다. 즉 듀젠베리는 소득이 증가해 소비 수준이 높아지면 향후 소득이 감소해도 한 번 높아진 소비 수준은 쉽게 낮아지지 않는다고 봤다. 부자가 소득이 감소해도 과거 소비 습관이 남아 많은 지출을 하게 되는 것이 비가역성의 한 예다.

지금 당장 할 수 있는 '부자 되는 방법'

그렇다면 지금껏 내 '소비 톱니바퀴'는 얼마짜리였을까. 짠내 생활을 시작하기에 앞서 톱니바퀴 점검이 필요했다. 최근 3년 기준 한국과 일본에서 일하는 동안 나는 적금(저축)조차 하지 않은 채 월급 통장과 연동된 체크카드로 생활했다. 그러다 보니 내 톱니바퀴는 고스란히 낭시 월급 150만 원 수준에 맞춰져 있었다. 보통은 먼저 적금(저축)을 하고, 남은 금액으로 생활하는 게 일반적이다. 매달 월급의 60~70%가량을 저축해야 목표 금액에 도달할 수 있었다. 새 톱니바퀴로 개조하기 위한 첫 번째 단추는 적금 가입. 생활(혹은 생존)에 필요한 최소한의 금액을 남겨두고 모조리 저축하기로 했다. 일종의 소비 체질 바꾸기 선언이다.

포드 자동차 설립자 헨리 포드는 부자 되는 방법에 대해 이렇게 말했다. "부자가 되는 방법엔 세 가지가 있다. 첫째는 부모로부터 상속을 받아라. 둘째는 부자와 결혼하라. 셋째는 버는 돈보다 적게 쓰고 저축하라." 첫째와 둘째는 이번 생엔 틀렸다. 난 앞으로 셋째에 집중하기로 했다.

세 줄 핵심 포인트♢

• 한 번 늘어난 소비 수준은 그 이전으로 되돌리기 어렵다.
• 최소한의 금액만을 남기고 모조리 저축하기로 했다.
• 부자 되는 법 중 하나인 적게 쓰고 저축하기를 시작했다.

적금으로 평생 만기
'소비 습관'을 얻다

'벼락거지.' 요즘 신문기사나 방송뉴스를 보면 이 단어가 오르내린다. '벼락부자'란 말은 들어봤어도 '벼락거지'는 생소하다. 벼락거지란 자신의 소득은 그대로인데 부동산과 수식 자산 가격이 급능하면서 상대적으로 빈곤해진 이들을 가리킨다. 그러다 보니 월급만 착실히 모으는 친구들을 만난 자리에서도 부동산과 주식, 가상화폐는 빠지지 않는 단골 이야기 소재가 됐다. 대출받은 돈으로 주식에 투자한다는 뜻의 '빚투', 영혼까지 끌어모은 돈으로 투자하거나 집을 산다는 '영끌'과 같은 신조어도 이젠 낯설지가 않다. 최근 이런 영끌과 빚투로 주식이나 가상화폐 투자를 시작했던 지인들은 모두 하나 같이 이렇게 말했다.

티끌 모아 태산? 야, 티끌 모아봐야 티끌이더라.

티끌 모아 태산을 이룬다는 말이 통용되던 때가 있었다. 1970~1990년대만 하더라도 금리(이자)가 20%대를 웃돌았기 때문. 1979년 당시 한일은행(현재 우리은행)의 1년짜리 적금 금리는 23.4% 수준. 심지어 저축 한도도 없었다. 예를 들어 12개월 적금 상품에 매달 100만 원을 납입할 경우 1년 뒤 이자로만 23만 원을 받는 셈. 저축 한도가 없으니 예금액이 1억일 땐 이자만 2300만 원이다. 그야말로 돈이 돈을 찍어내는 '돈 복사기'라고 해도 과언이 아니다. 여기에 5년짜리 적금 상품은 금리가 무려 30% 이상이었다. 그러다 보니 당시엔 은행에 돈을 고스란히 넣어두는 것만으로도 저절로 재테크가 됐다.

좋았던 그때 그 시절은 다 갔다. 최근엔 금리가

연 5%대만 되도 좀처럼 찾아보기 힘든 상품이라며 입소문이 날 정도다. 하나은행이 지난 2020년에 내놓은 연 5%대 특판 적금엔 132만 명이 몰려 모바일 앱이 한때 먹통이 됐다. 매달 30만 원씩 1년간 입금했을 때 연 이자율이 5%니 원금 합계가 360만 원, 세전 이자는 9만7,500원. 여기에 당시 이자 과세가 15.4%니 −1만5,015원을 하면 총액이 368만2,485원이 된다. 즉 손에 쥐는 이자는 8만 원 남짓. 그런데도 가입자가 순식간에 몰렸다. 당시 가입액만 3665억6000만 원에 달했다. 국민은행이 2019년에 내놓은 연 5% 특별판매 정기예금도 난 1초 만에 완판됐다. 2022년 2월 은행연합회에 따르면 KB국민·신한·하나·우리·NH농협 5대 은행에서 1년짜리 정액적립식 적금의 기본 금리는 1.1~2.4%. 우대금리를 더한 최대 금리는 1.7~5.5%다. 최고 연 5.5% 금리가 적용되는 상품은 최대 가입 한도가 20만 원에 그친다.

지금까지 늘어놓은 이야기만 들으면 적금을 해도

별 이득이 없고 무용지물에 가깝단 뜻으로 비춰질 수 있다. 하지만 우리가 적금을 해야 하는 이유는 따로 있다. 적금 만기는 1년일지라도 평생 만기인 '소비 습관'을 얻을 수 있기 때문이다.

선(line) 하나가 가져온 변화

통장에 굳이 상한선을 긋지 않아도 스스로 소비를 조절할 수 있다고 자부했다. 하지만 그 예상은 보기 좋게 빗나갔다. 초단기계약직으로 일할 당시 월급을 받고 한 달이 지난 시점에 통장 잔액을 조회하면 놀랍게도 잔액은 한 달 전과 별 다를 바가 없었다. 감쪽같이 사라진 월급을 마주했을 땐 이걸 내가 전부 쓴 게 맞나 싶어 결제 내역을 일일이 확인해가며 계산기를 두들겼다. 분명 중복결제되거나 과다 청구된 내역이 있을 거라 확신했다. 하지만 내가 결제한 금액은 10원 단위까지 정확히 일치했다. 결국 전부 내가 썼다.

이런 실수를 반복하지 않으려면 월급 통장에 '적금'이란 선을 그어 내가 쓸 수 있는 돈의 크기를 확 줄여야 했다. 그래야 새나가는 돈을 잡을 수 있었다. 적금은 미래 낭비를 막기 위한 소비 욕구 억제제다. 다시 말해 적금으로 통장에서 쓸 수 있는 돈을 반 토막 내자 소비 욕구는 자연스레 줄어들었다. 내가 쓸 돈의 크기가 작아져 카드를 쓸 때마다 멈칫하게 되기 때문. 그러고 나서 머릿속으로 계산기를 두드려본다. "이거 사면 다음 달까지 힘들지 않나?" 소비 통제가 안 돼 저축을 못 하는 게 아니라 실은 저축을 안 해 소비 통제가 안 된다는 말이 맞았다. 자신이 한 달 동안 생활할 수 있는 최소한의 금액이 얼마일지 계산해보자. 그다음엔 적금을 통해 월급에 선을 그을 차례다.

적금도 기술이다

그렇다면 적금은 어떻게 드는 것이 좋을까. 적금에

도 방법이 있다. 먼저 저축은행이 내놓는 고금리 상품을 옷 고르듯이 즐기듯 골라보자. 또 월급이 들어오는 날 자동이체를 걸어두면 소비 욕구 절제에 도움이 된다. 적금 외에도 월세나 교통비, 보험금 등 매달 일정하게 나가는 고정 지출도 급여통장에서 바로 빠져나갈 수 있도록 자동이체해놓자.

그다음 생활비 통장을 만들어보자. 이 통장은 말 그대로 생활에 필요한 금액을 넣어놓는 통장이다. 그러고 남은 금액은 비상금 통장에 넣어두자. 비상금 통장은 말 그대로 긴박하게 필요할 때 사용해야 하는 통장이다. 적금 해지를 방어해주는 고마운 통장이다. 보통 비상금 통장엔 월급의 3배 정도를 넣어두는 것이 좋다고 한다. 특히 비상금 통장으로는 CMA 통장이 적합하다. CMA 통장은 증권사에서 만드는 통장으로, 은행의 보통예금계좌와 기능은 비슷하다. 다만 가장 큰 차이점은 CMA 통장은 이자를 1일 단위로 정산해 붙여준다는 점이다. 이렇게 통장을 쪼개놓으면 머릿속엔 월급의 흐름이 자연스레 그려진다.

얼마를 받느냐보다 어떻게 쓸 것이냐

최근 젊은이들 사이엔 적은 돈을 열심히 모아도 부자 되기 힘들다는 생각이 일반적이다. 월급이 적거나 금리가 낮다는 이유로 저축을 포기하는 이들이 많다. 그렇다고 절약마저 손에서 놓아버린다면 흐지부지 돈을 쓰기만 할 뿐 목돈을 만들지 못한다. 사회초년생 때 익힌 돈 모으기 습관의 만기는 '평생'이다. 무엇보다 중요한 사실은 월급이 적을 때 돈을 모으지 못하는 사람은 월급이 많아져도 돈 모으기 쉽지 않다는 점이다. 모든 재테크는 푼돈에서 시작한다는 점을 명심하자.

사회탐구영역 '일타 강사' 이지영 강사는 "세상 모든 게 내 마음대로 되지 않더라도 내가 언제 자고 문제집을 얼마나 풀 것인지는 수만 가지 마음에 안 드는 것 중 유일하게 내 마음대로 할 수 있는 것들"이라고 말했다. 그러면서 "그거라도 내가 통제하면서 살아야 하지 않겠느냐"라고 강조했다. 절약도 마찬가지다. 내가 받는 돈을 내 마음대로 늘릴 순 없지만, 이 돈을 어떻게 쓸지는 내 손 안에 달려 있다. 이조차 통제하지 못한다면 위기인 걸 알면서도 아무것도 하지 않는 가장 큰 위기에 직면하게 될 게 분명하다.

세 줄 핵심 포인트 ◇

- 소비를 스스로 조절할 수 있을 거라 생각했지만 오산이었다.
- 통장에 있는 돈이 적금으로 반 토막 나니 소비욕구가 줄었다.
- 새는 돈을 막으려면 선(先) 저축, 후(後) 지출 원칙이 필수다.

버린 맥심 커피 박스도 다시 보자

사회부연死灰復燃. 사그라진 재에 불이 다시 붙었다는 뜻이다. 우리가 잘 알고 있는 불조심 표어로 치자면 "꺼진 불도 다시 보자" 정도가 되겠다. 우리가 쓸모없는 종이 쪼가리로 여겨 휙 하고 버리는 박스 하나에도 푼돈을 모을 수 있는 비밀이 숨겨져 있었다.

한 잔에 4,000~5,000원 정도 하는 프랜차이즈 커피 대신 커피 믹스를 챙기는 날이 많아지면서 집 안엔 커피 믹스 상자가 차곡차곡 쌓여갔다. 절약하지 않았더라면 쌓여가는 커피 믹스 상자는 그저 종이 쪼가리에 불과했을 것이다. 하지만 쓸모없어 보이는 빈 상자에도 푼돈을 모으는 비밀이 있었다.

동서식품의 '맥심 커피믹스' 제품 개봉구 뒷면엔 쿠폰 번호가 숨겨져 있다. 과거엔 박스 외부에 OK캐쉬백 포인트 쿠폰이 있었으나 요즘엔 개봉구 뒷면으로 자리를 옮겼다. 쿠폰 번호를 확인했다면 OK캐쉬백 포인트를 적립하자. 구글플레이나 앱스토어를 통해 Syrup(시럽) 월렛을 설치한 뒤 검색창에 맥심카드를 검색해 카드를 발급받는다. 그렇게 내 멤버십에 맥심 카드가 추가되면 아래쪽에 '상품 포인트 쿠폰 적립' 부분이 있다. 이곳에 개봉구 뒷면에 적힌 쿠폰 번호를 입력하면 된다. 단 OK캐쉬백 500점이라고 적힌 제품을 구매하더라도 받을 수 있는 포인트는 450점이다. OK캐쉬백 운영약관에 따라 서비스 이용료 10%가 차감돼 적립되기 때문. 이렇게 모은 OK캐쉬백 포인트는 전국 5만여 개 오프라인 가맹점과 제휴사에서 이용할 수 있다. 또 포인트가 5만 원 이상이면 현금으로 환급 신청이 가능하다. Ⓦ

가계부로 내 안에
소비 신호등이 생겼다

기차를 타고 뒤를 돌아보면 굽이 굽이져 있는데, 타
고 갈 때는 직진이라고밖에 생각 안 하잖아요. 저도
반듯하게 살아왔다고 생각했는데 뒤돌아보면 굽이
져 있고. 그게 인생인 거 같죠.

KBS2 다큐멘터리 3일 '서민들의 인생 분기점-구로
역' 편 촬영 당시 한 청년이 인생을 지하철에 빗댄 말
이다. 나는 분명 올바르게 가고 있는 줄 알았는데 뒤
돌아보니 그게 아니었단 뜻이다. 인생을 묘사한 이
말은 나의 소비 생활에도 딱 맞아떨어졌다. 매월 중
순까지만 하더라도 소비 통제를 잘해오고 있다 믿었

는데 월말 정산을 하면 그게 아니었다. 매달 중간 정산 땐 지출 금액이 지난달 같은 기간보다 적어 이번 달은 최저 생활비를 기록할 수 있겠다고 기대했다. 허나 월말엔 기어코 지난달 지출 수준을 넘기거나 아슬아슬하게 지출 마지노선을 지켰다. 소비가 평탄하게 '직진'하는 줄로만 알았는데 알고 보니 '들쑥날쑥'했단 뜻이다. 소비가 올바르게 가고 있는지 아니면 굽이 굽어져 가고 있는 건 아닌지 살펴야 했다. 내가 가계부를 쓰기로 한 이유다.

버는 돈보다 적게 쓰고, 나머지는 저축하기가 부자가 되는 길이라면, 평범한 직장인이 부자가 되기 위해선 더 벌기가 아닌 덜 써야 하는 것이 맞다. 우리 수입은 한정돼 있기 때문이다. 따라서 내가 언제, 어디서, 얼마나 돈을 쓰는지 파악해야 한다. 하지만 여태껏 쓴 돈을 직접 손으로 기록하는 일 따윈(?) 하지 않았다. 내가 쓴 모든 돈은 내가 필요했기에 쓴 돈이었고 카드 앱을 열기만 하면 내가 몇 날 며칠 어디서 얼마나 썼는지 알 수 있다 믿었다. 소비 내역을 굳이

기록할 필요가 없다고 느낀 이유다.

하지만 카드 앱에도 허점은 있다. 그들은 마트에서 내가 무얼 샀는지 알려주지 않는다. 뭉뚱그려 'A마트 1만3,000원'이라고만 나올 뿐이다. 또 카드 내역을 업종별로 구분했을 땐 마트 안에 있는 카페에서 돈을 썼어도 지출은 마트로 분류돼 있다. 내가 돈을 쓴 장소와 지출 내역이 일치하지 않는 것이다. 따라서 내게 딱 맞춘 '맞춤형 가계부'가 필요했다.

가계부 쓰기는 소비를 멈칫하게 만든다

직장인 카드 사용 체감과 관련해 많은 이들이 공감한 글이 있다.

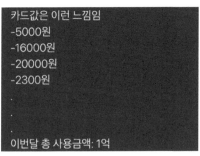

카드값은 이런 느낌임
-5000원
-16000원
-20000원
-2300원
.
.
.
이번달 총 사용금액: 1억

▶ 온라인 커뮤니티 갈무리

가계부를 쓰기 시작하면서 덧셈은 가장 두려운 수식이 됐다. 소비할 때 몇천 원에 불과해 부담 없던 소액이 차곡차곡 쌓여 눈덩이처럼 불어나는 걸 목격하면서다. A마트 5,000원, B편의점 3,000원, C생활 잡화점 3,000원… 적은 돈이라도 가계부에 일일이 적어 더해보니 하루 지출 2만 원은 우스웠다. 돈이 통장에 들어오는 날은 한 달에 한 번뿐이면서 하루도 빠짐없이 새나가는 지출을 볼 땐 죄책감마저 들었다. 앞서 헨리 포드가 말한 부자 되는 방법과 정반대로 걷고 있었다. 더 벌지도 못했고, 덜 쓰지도 않았다.

다만 가계부 쓰기는 소비에 제동을 거는 습관을 만들어줬다. 바로 가계부에 표시하는 '신호등' 덕분이다. 나는 가계부에 지출 내역을 일일이 기록한 뒤 신호등 색(빨강·노랑·초록)에 따라 각 항목을 형광펜으로 분류했다. 예를 들어 교통비나 통신비 등 생활에 꼭 필요한 지출 항목은 초록색 형광펜으로 표시했다. 이 지출은 말 그대로 통과해도 괜찮단 뜻이다. 반면 낭비는 아니지만, 충분히 줄일 수 있는 지출이라고 판단되는 항목엔 노란색 형광펜을 칠했다. 예를 들어 단지 커피를 마시고 싶단 이유로 카페에서 주문한 바닐라라테는 낭비지만, 갑작스레 일이 생겨 카페에서 업무를 봐야 할 때나 집중이 안 돼 카페에서 작업할 때 쓰는 비용은 노란색으로 표시했다. 이는 언제든지 줄일 가능성이 있는 항목이다. 빨간색 형광펜으로는 낭비라고 판단되는 항목에 칠했다. 충동적으로 구매한 전자제품이나 옷, 액세서리 등이 대표적이다. 이런 비용엔 소비를 중단했어야 한단 의미로 빨갛게 표시했다.

▶ 소비 신호등 가계부

이처럼 각 항목을 3색 신호등으로 표시한 것만으로 소비 감각이 생기기 시작했다. 돈을 쓸 때마다 알맞은 소비(초록불)인지 낭비(빨간불)인지 빠르게 판단했다. 단지 내가 쓴 돈을 기록하고 세 가지 색으로 분류했을 뿐이다.

물론 여태껏 해본 적 없던 가계부 쓰기를 하루아침에 실행에 옮기기란 쉽지 않았다. 가계부 작성은 개학을 며칠 앞두고 쓰는 밀린 일기처럼 번거롭게 느껴졌다. 가계부를 굳이 쓰지 않아도 괜찮을 거 같단 생각에 차일피일 미루기도 했다. 하지만 가계부를 쓰고 지출 항목을 세 가지로 분류하는 것만으로 소비는 눈에 띄게 줄었다. 돈을 쓸 때마다 머릿속에 신호등이 켜지는 것만으로 소비는 멈칫했다.

세 줄 핵심 포인트 ◇

- 우리의 소비는 생각보다 들쑥날쑥하다.
- 가계부에 비용을 세 가지로 구분하면 소비 감각이 생긴다.
- 가계부는 번거롭지만 소비를 줄이는 데 특효약이다.

신용카드 없어도
잘만 산다

"난 LG카드만 써요." 2001년 당시 LG카드 광고 모델이었던 배우 이영애가 광고 영상에서 한 말이다. 하지만 당시 카드업계 1위였던 LG카드는 얼마 못 가 쓰고 싶어도 못 쓰는 카드가 됐다.

2000년대 초반 우리나라는 신용카드 사용 장려 정책을 대대적으로 실시했다. 1997년 IMF 외환위기 이후 쪼그라들었던 소비를 끌어올리고 탈세 주범으로 꼽혔던 은밀한 현금 거래를 줄이겠단 목적이었다. 당시 정부는 신용카드를 많이 쓸수록 공제 혜택을 늘렸다. 또 개인별로 한 건에 50만 원 이내에서만 가능했던 현금서비스 한도도 폐지했다. 그러다 보니 너도나도 신용카드를 쓰기 시작했고 카드사들은 카드 이용자를 늘릴 기회라고 판단했다.

문제는 카드사들이 가입자를 모으는 과정에서 돈을 갚을(상환) 능력이 없는 이들에게도 신용카드를 손쉽게 발급해줬단 것이다. 어느 정도였냐면 소득이 없는 무직자나 대학생은 물론, 심지어 미성년자인 고등학생에게도 서명만 하면 신용카드를 발급해줬다. 2003년 1~3월 기준 10대 청소년이 발급받은 신용카드만 14만9,000장. 같은 기간 10대들이 이용한 현금서비스도 1조1000억 원을 넘어섰다.

절약을 시작한다면 반드시 명심해야 할 말이 있다. 바로 신용카드는 돈을 빌려 쓰는 외상이자 단기 대출이라는 사실이다. 카드사가 이용자의 카드 값을 먼저 지불한 뒤 약속된 결제일에 이용자 계좌에서 결제 금액만큼 인출해가기 때문. 그러다 보니 2002년부턴 채무에 시달리다 파산하는 카드 이용자들이 급증했다. 신용불량자란 용어가 대중화된 것도 이때쯤이다.

결국 채무를 회수하지 못한 카드사들은 부실에 시달리다 파산해 다른 기업에 인수되는 경우도 생겼다. 당시 카드업계 1위였던 LG카드가 쓰고 싶어도 못 쓰는 카드가 된 이유도 마찬가지다. 무분별하게 이용자를 모집하다 부실을 키운 LG카드가 결국 파산 위기에 몰려 지금의 신한카드에 팔렸기 때문. 그렇게 LG카드의 이름은 역사 속으로 사라졌다.

지난 2014년 유튜브에 올라온 LG카드 광고(2001년 作) 영상엔 이런 댓글이 달렸다. "20년 전 이 광고를 보고 LG카드를 만들었다. 그리고 그때 진 빚을 아직 다 못 갚고 있다." 또 "아버시는 말하셨지. 인생을 즐겨라"라는 광고 카피는 이후 "아버지는 망하셨지. 인생을 즐기다"와 같은 패러디로 재탄생됐다.

신용카드는 먼저 자신의 돈으로 물건이나 서비스를 구매하는 게 아니다. 앞서 신용카드를 외상이라고 부른 이유는 카드사 돈으로 먼저 물건을 결제한 뒤 다음 달 내가 쓴 만큼 카드사에 돈을 갚는 구조이기 때문. 물론 신용카드를 사용한 뒤 제때 돈을 갚으면 자신에게 손해될 건 하나도 없다. 연체 없이 일정 금액을 매달 사용해 전월 실적을 충족할 땐 주유소나 대형마트, 통신비 등에서 할인 혜택을 받을 수도 있다. 하지만 문제는 신용카드가 돈에 대한 통제력을 약화시킬 수 있단 점이다.

"누구나 그럴싸한 계획을 가지고 있다. 내게 한 대 처맞기 전까지는Everyone has a plan 'till they get punched in the mouth."

'핵주먹' 마이크 타이슨은 현역 복서 시절 이밴더 홀리필드와의 경기를 앞두고 이렇게 말했다. 상대가 어떤 계획을 가졌든 자신의 주먹 앞에선 무용지물이 된단 뜻이었다. 사회초년생 중엔 신용카드를 쓰면서도 돈에 대한 통제력을 키울 수 있다 자부하는 이들이 있다. 하지만 돈을 쓰고 모으는 습관이 제대로 길들여지지 않은 상황에서 이런 자신감은 잠시 넣어두는 게 좋다. 그리고 이들에게 타이슨의 말을 빌려 말해본다. "누구나 그럴싸한 계획을 가지고 있다. 다음 달 카드 대금 명세서를 보기 전까지는."

신용카드는 자신의 소비 영역을 몇 배 더 확장시
킨다. 지금 당장 살 돈이 없더라도 신용카드의 할부
서비스(여러 달에 나누어 지불)를 이용하면 고가의 제
품을 결제할 수 있기 때문. 흔히 가난한 사람은 나눗
셈으로 생각한다고 한다. 그런 점에서 할부야말로
가난으로 가는 지름길인 셈이다. 할부의 늪은 우리
가 생각하는 것보다도 훨씬 깊다.

3개월 할부로 가방을 질렀다. 이달의 나와, 다음 달
의 나와, 다다음 달의 내가 힘을 합쳐 샀으면 무힛토
두렵지가 않다.

할부와 관련해 많은 누리꾼의 공감을 이끈 이 말
처럼 비싼 물건을 할부로 산다면 어떻게 될까. 결국
엔 할부를 반복하는 습관이 생기고 카드사에 갚아야
할 돈이 계속해서 누적된다. 그러다 보면 내 자산으
로는 갚지 못하는 지경에 이르게 된다. 특히 여러 상

품을 할부로 구매하고 상환 기간을 길게 잡으면 매달 어떤 상품에서 얼마만큼 돈이 빠져나가는지 파악하기 어려워진다. 신용카드를 자주 사용하는 이들은 "어차피 내가 쓴 금액이니 이 액수가 맞겠지"라며 넘어가기 쉽다.

진짜 문제는 할부를 제외한 지출에 무감각해진다는 것이다. 특정 달의 카드 값이 예상보다 많이 나오더라도 "어차피 이번 달도 다 할부겠지"라는 식으로 지레짐작해버린다. 이는 자신의 지출 내역을 꼼꼼히 살펴볼 기회를 스스로 걷어차는 셈이다. 자신의 지난 지출 내역을 되짚어보지 않는 건 운동 경기 도중 작전타임을 갖지 않는 것과 마찬가지다. 작전타임은 지난 내 실책을 되돌아보고 후반전(다음 달)을 대비하는 귀중한 시간이다. 자신의 모든 지출을 할부로 퉁쳐버린 채 작전타임을 갖지 않는다면 그 경기는 필패必敗일 수밖에 없다.

소비는 불편할수록 좋다

신용카드가 소비를 부추기는 배경엔 신경학적인 이유도 있다. 미국 스탠퍼드대 심리학자 브라이언 넛슨 교수 연구팀이 신경과학 분야 학술지 「뉴런」에 게재한 논문에 따르면 신용카드를 쓰면 현금을 사용할 때보다 전두엽 측위신경핵이 덜 활성화됐다. 이 부위는 무언가를 잃어버렸을 때 통증을 느끼는 부위로 신용카드를 쓸 때 뇌에서 느끼는 통증이 현금으로 결제할 때보다 작았다. 연구팀은 "현금을 쓰면 화폐라는 물건이 사라지지만, 신용카드는 다시 돌려받기 때문에 뇌가 통증을 덜 느끼는 것"이라고 설명했다. 즉 신용카드를 사용하는 빈도가 늘어날수록 뇌가 소비 행위에 무뎌질 수 있단 의미다.

　MIT 마케팅 교수 던컨 시메스터도 한 실험을 통해 신용카드가 더 많은 지출을 부른다는 사실을 확인했다. 보스턴 셀틱스와 보스턴 레드삭스가 참가하는 농구 및 야구 경기 티켓 경매에서 한쪽은 신용카드만, 다른 한쪽은 현금만 받기로 했다. 이때 신용카드만 받기로 한 학생들은 같은 티켓을 두고도 현금만 받기로 한 학생들보다도 약 두 배 더 지불하겠다고 제안했다.

▶ 신용카드 없는 지갑

도서 『신용카드 부채에서 벗어나는 방법*Talk Your Way Out of Credit Card Debt*』을 쓴 스콧 빌커는 "지갑에 10달러가 있을 때 5달러짜리 커피를 사면 큰 지출을 한 것처럼 느껴지지만, 한도가 1만 달러인 신용카드로 결제하면 5달러를 쓴 게 크게 느껴지지 않을 것"이라고 말했다. 신용카드가 과소비를 부추기는 이유와도 일맥상통한다. 소비는 불편할수록 좋다. 나는 오늘 일주일 치 생활비를 현금으로 뽑아 지갑에 넣어두었다. 당분간 내 지갑에 신용카드가 들어설 자리를 내주지 않을 계획이다.

"커피 한 잔 덜 마시면 돼"라는 말이 무서운 이유

우리는 큰돈을 써야 할 때 멈칫한다. 200만 원짜리 노트북을 산다고 가정해보자. 사회초년생이라면 더욱이 선뜻 카드를 내밀지 못하는 금액이다. 하지만 200만 원을 12개월 할부로 계산하면 한 달에 16만 원 꼴이다. 이를 또 30일로 나누면 하루에 5,300원. 즉 하루에 커피 한 잔만 안 마시면 200만 원짜리 고급 노트북을 가질 수 있게 된다. 이렇게 나눗셈으로 생각하면 200만 원 소비도 할 만하겠다는 생각이 든다.

하버드대 존 거빌 교수에 따르면 우리는 어떤 가격을 평가할 때 2단계 처리 과정을 거친다. 첫 번째는 지출의 범주화. 두 번째는 심적 회계 과정이다. 첫 번째 단계에서 우리는 지출 금액과 비슷한 수준을 떠올린다. 200만 원짜리 노트북을 산다고 했을 때 누군가는 자신의 월급을, 다른 누군가는 200만 원에 버금가는 가전제품을 동일 선상에 올려놓고 비교하는 식이다. 그다음 심적 회계 과정에서 비싸다고 판단되면 소비를 포기하게 된다. 하지만 12개월 할부를 하면 지출의 범주화는 값비싼 물건이 아닌 커피 한 잔 값 정도로 낮아지게 된다. 할부를 통해 200만 원 수준이던 지출의 범주화가 한 달 16만 원, 하루 5,300원 수준으로 줄어들기 때문. 그렇게 되면 우린 망설임 없이 카드를 내민다. 신용카드 할부가 돈에 대한 통제력을 약화시키는 것도 이런 이유 때문이다.

세 줄 핵심 포인트 💎

- 신용카드의 다른 말은 외상이다.
- 특히 신용카드의 할부 서비스는 가난으로 가는 급행 티켓.
- 카드 대신 현금을 사용하자. 소비는 불편할수록 좋다.

잊고 지낸 내 돈, 현금화로 공돈 만들자

오랜만에 꺼낸 바지 주머니에서 잠자고 있던 돈을 발견하는 일은 일상 속 소확행이다. 분명 내 돈이었음에도 공돈이란 생각에서다. 이런 공돈은 바지 주머니에만 있지 않다. 예·적금이나 카드 포인트, 보험금 등에도 잠자는 돈이 있을 수 있다. 특히 수년간 쌓인 카드 포인트는 현금화가 가능해 절약을 실천 중인 이들에겐 한 줄기 빛이다. 실제로 절약·저축 커뮤니티의 한 회원은 "카드 포인트를 현금화했더니 약 4만 원이 생겨 생필품을 샀다. 무료로 산 기분"이라고 글을 남겼다. 금융감독원에 따르면 고객이 사용하지 않고 남은 카드 포인트는 2019년 기준 약 2조3000억 원에 달한다. 여기에 내 돈이 없으리란 법은 없다.

먼저 현금화할 수 있는 카드 포인트는 단 5분이면 찾

을 수 있다. 여신금융협회 '카드포인트 통합조회·계좌이체' 앱이나 홈페이지 또는 금융결제원 '어카운트인포' 앱에선 모든 카드사의 포인트 조회가 가능해 지정된 계좌로 한 번에 이체할 수 있다. 기존엔 카드 포인트를 현금화하려면 각 카드사 앱을 모두 설치해 일일이 본인인증을 거쳐야 했다. 하지만 여신금융협회, 금융결제원 앱에선 한 번의 인증절차만으로 잊고 있던 자투리 포인트를 쉽게 챙길 수 있다. 카드 포인트 현금화 비율은 1포인트당 1원. 계좌입금 신청은 1포인트부터 가능하다.

만기가 됐으나 찾아가지 않은 보험금도 '내 보험금 찾아줌'에서 쉽게 확인할 수 있다. 보험업계에 따르면 고객이 찾아가지 않은 미지급 보험금은 2020년 기준 11조 원에 달한다. 따라서 잊은 보험금은 없는지 꼼꼼하게 확인할 필요가 있다. 방법도 간단하다. '내 보험금 찾아줌' 홈페이지에서 보안 인증을 거치면 자신이 계약자 또는 피계약자인 모든 생명·손해보험 내역과 찾아가지 않은 보험금을 조회할 수 있다.

휴면예금을 찾아주는 서비스도 있다. 금융회사에서 예금은 5년 또는 10년, 자기앞수표는 5년, 보험금은 2년, 실기주과실은 10년 이상 거래나 지급 청구가 없으면 휴면예금으로 분류한다. 이처럼 겨울잠에 든 휴면 계좌는 금융감독원과 금융결제원이 운영 중인 '어카운트인포', 서민금융진흥원의 '휴면예금 찾아줌', '정부24'에서 조회할 수 있다. 휴면예금이 1000만원 이하라면 영업점 방문 없이 평일 24시간 언제든지 찾을 수 있다.

한편 금융위에 따르면 카드 포인트 현금화 서비스 한 달 동안 소비자들이 1697억 원을 찾아갔다. 하지만 여전히 찾아가지 않은 카드 포인트가 적지 않다. 금융위는 연평균 카드 포인트 평균 잔액이 2조4000억 원인 점을 고려해 여전히 많은 카드 포인트가 잠자고 있을

것으로 추정한다. 잊고 지낸 내 돈이 어디선가 잠들어

있진 않은지 오늘 당장 살펴보자. Ⓦ

하루 만 원의
행복

절약을 시작한 뒤로 내 숨통을 틔우는 장소는 바로 다이소다. 사고 싶은 물건이 있다가도 가격표를 보고 내려놓아야만 하는 일상 속에서 내 취향대로 소비할 수 있는 유일한 공간이다. 대형마트에선 늘 고민의 연속이었다. 내가 진짜 사고 싶은 물건보단 가성비를 우선시했다. 매대 앞에 서서 가격을 저울질하다 보면 머무르는 시간이 자연스레 길어졌다. 내가 선택장애였던 이유는 정말로 못 골라서가 아니라 끊임없이 가성비를 따져보는 고질병 때문이었다. 하지만 다이소에선 이러한 과정이 필요 없다. 다소 가격 차이가 있더라도 1,000원을 더 지불하는 정도다.

▶ 하루 만 원의 행복 달력

딱 1,000원이면 내 취향을 지킬 수 있다.

어느덧 마음의 안식처가 된 다이소에서 며칠 전 달력 하나를 샀다. 달력엔 날짜마다 손가락 두 개가 들어갈 만한 크기의 주머니가 달려 있었는데 나는 이걸 '하루 만원의 행복 달력'이라고 불렀다. 1~31 일까지 새겨진 숫자 아래 주머니에 하루에 쓸 최소한의 금액을 정해 현금을 넣어두었다. 하루에 딱 이 액수만큼만 사용하기로 약속했다. 지갑 없이도 휴대폰 안에 등록된 카드를 '딱' 대면 '띠딕' 하고 결제되는 세상에 웬 현금이냐는 질문을 지인들에게 수시로 받았다. 그럴 때마다 내 대답은 "소비를 강요받는 세상에서 소비를 멈추려면 그 과정을 보다 번거롭고 귀찮게 만들어야 한다"다.

'외상이면 소도 잡아먹는다'라는 말이 있다. 뒷일이 어떻게 되든 생각하지 않고 좋으면 그만인 듯 무턱대고 행동하는 걸 두고 하는 말이다. 한국신용정보원에 따르면 2021년 기준 금융채무불이행자 가운데 신용카드 채무불이행자가 30만 명 이상이라고 한다. 쓸 수만 있다면 지르고 보는 건 예나 지금이나 별반 다를 바 없어 보인다. 다행히 난 신용카드를 사용하지 않지만, 카드(체크카드)를 사용하는 빈도도 기왕이면 줄여야 했다. 택시, 배달음식, 쇼핑 등 각종 앱에 카드가 등록돼 있다 보니 카드는 정작 한 장인데도 카드에 둘러싸인 기분이 들었다. 무엇보다 카드 사용을 줄이기로 결심한 건 카드를 쓸 때마다 돈을 쓴다는 느낌이 들지 않아서였다. 앞 장에서 미국 스탠퍼드대 연구팀의 연구 결과에 따라 내가 현금 우선주의를 택한 이유다.

하루 1만 원 안에서 생활하기로 결심한 뒤 현금 30만 원(한 달 치)을 은행 ATM(현금자동출납기)에서 뽑아 각 날짜 밑에 있는 주머니에 1만 원씩 꽂아놓았다. 그리고 카드가 연동된 앱을 하나둘 삭제했다. 택시 호출 앱을 삭제하면서 10분 일찍 나와 택시 탈 일을 만들지 않기로, 배달 앱을 지우면서 음식을 만들어 먹을 줄 아는 사람이 되기로 했다. 그렇게 하루 1만 원 생활이 시작되었다.

게임 미션을 깨듯이 흥미진진

우선 지갑이 단출해졌다. 지갑에 들어가는 내용물이 보통 세 개를 넘는 법이 없어졌다. 운전면허증(차가 있어서가 아니라 신분확인용)과 교통카드 기능이 있는 체크카드, 지갑을 잃어버렸을 때 연락을 받기 위한 명함 한 장이 지갑의 전부가 됐다. 그리고 지갑을 열었을 때 손에 닿기 가장 좋은 자리에 만 원 한 장을 꽂아 두었다. 대신 체크카드는 지갑을 열고 나서 또

한 번 주머니를 열어야 하는 번거로운 자리에 깊숙이 넣어두었다. 하루를 치열하게 살아보겠단 선포였다. 현금을 사용하기 시작하면 포기해야 할 것들도 생긴다. 카드만 받는 일부 프랜차이즈 카페가 대표적이다. 하지만 오히려 좋다. 하루 예산 절반을 커피에 쏟아부을 순 없으니까.

단돈 만 원으로 하루를 치열하게 보낸 뒤 집으로 돌아와 거스름돈을 확인할 땐 '참 잘했어요' 도장을 받은 초등학생처럼 뿌듯한 기분이 들었다. 만 원 안에서 쓰고 남은 돈은 바로 다음 날 주머니로 이월한다. 월요일에 총 8,000원을 쓰고 2,000원이 남으면, 2,000원을 화요일 주머니로 넘기는 식이다. 주말에 약속이 있는 주는 '극기 주간'이 된다. 주중(월~금)에 사흘 이상을 한 푼도 쓰지 않고 만 원을 다음 날로 이월해야 주말(토~일) 주머니에 3~4만 원의 여유자금이 생기기 때문. 하지만 지출 통제와 절약을 재밌는 게임으로 만들어주는 데는 하루 만 원의 행복 달력만큼 효과적인 게 없다. 오늘도 ATM에서 30만 원을 뽑은 뒤 달력 안에 차곡차곡 채워 넣는 중이다.

미국 출신 높이뛰기 선수 딕 포스베리는 1968년 멕시코시티 올림픽에서 배를 하늘로 향하고 뛰는 '포스베리 플롭'을 만들었다. 그전까지 높이뛰기는 앞을 보고 도약하는 가위뛰기나 배를 땅으로 향하고 뛰는 엎드려뛰기가 대세였다. 하지만 포스베리는 상식을 깨는 자세로 좋은 성적을 거뒀고 1976년 이후 세계신기록은 모두 이 동작으로만 나왔다. 카드를 사용하는 인구가 늘면서 '현금 없는 사회'가 다가오는 와중에 현금만을 고집한다는 건 어찌 보면 '상식을 깨는 자세'다. 하지만 뒤집어진 세상에선 낙하가 비상이듯 때론 남들과 반대로 가는 방식이 절약 목표에 빠르게 도달하는 묘수가 될 수 있다.

세 줄 핵심 포인트 ◈

- 돈 쓴단 느낌을 강하게 받으려면 카드 대신 현금을 써야 한다.
- 결제수단을 바꾸는 것만으로 절약 목표에 빠르게 다다를 수 있다.
- 하루 만 원의 행복을 시작한 뒤로 절약이 게임처럼 재밌어졌다.

소비 에스컬레이터에서
내려오기

"거기 아무도 없어요? 우리 좀 도와줘요"

"여기 사람이 갇혀 있어요! 저기요!"

뮤뷰브에 '액션을 취해라Take action'라는 제목으로 올라온 영상의 한 장면이다. 영상엔 직장인으로 보이는 두 남녀가 다급한 목소리로 주변에 도움을 요청한다. 그들이 타고 이동 중이던 '운송수단'이 고장 나꼼짝없이 그 안에 갇히면서다. 손목시계를 보면서바쁘게 어디론가 향하던 그들은 옴짝달싹 못 한 채허공만 바라본다. 그야말로 패닉 상태. 정장을 입은남성은 누군가 우리를 도우러 올 것이라며 여성을 안심시킨다. 이내 여성이 남성에게 휴대전화가 있는지 묻자 남성은 주머니를 뒤적거리다 무안한 표정을 지으며 말한다. "미안해, 없네."

운송수단이 고장 나 발이 묶인 두 남녀의 모습을 상상하면 우리는 이들이 자동차나 엘리베이터에 갇힌 것쯤으로 짐작하기 쉽다. 하지만 이들을 패닉 상태로 만든 건 다름 아닌 '에스컬레이터'다. 멈춰버린 에스컬레이터에서 발을 떼 계단을 오르기만 해도 쉽게 해결될 일이다. 그러나 가만히 서 있어도 목적지까지 데려다주는 에스컬레이터에 익숙해진 탓에 이들은 한 발자국도 떼지 못한다. 사고(생각하는 힘)를 상실한 모습이다. 결국 영상은 고장 난 에스컬레이터에 갇힌(?) 이들이 수리공을 막연히 기다리는 모습으로 서서히 페이드 아웃된다.

어처구니없는 상황을 그린 영상을 보면서 마음 한구석이 불편했다. 과거 나의 소비 습관이 에스컬레이터에 갇힌 두 남녀와 닮아 있었기 때문이다. 지금껏 무언가 '사고 싶다'라는 생각이 들 때면 뒤도 안 돌아보고 소비 에스컬레이터에 몸을 실은 채 계산대로 직행했다. 소비 에스컬레이터 위에선 영상 속 두 남녀처럼 '사고'가 일시정지됐다. 이 물건이 정말 필요한지, 이 돈을 내고 살 만한 가치가 있는지 등을 스스로 따져보기만 했어도 여태껏 몇 푼은 아낄 수 있었다. 하지만 언제나 "세일할 때 사는 게 이득", "요즘 입을 게 없다"는 식으로 소비를 정당화했다. 세일해도 사지 않으면 100% 할인이다. 입을 게 없다는 건 내일 당장 벗고 다녀야 할지도 모른다는 절박함은 아니었다.

필요했던 건 물건이 아닌 감정이었을까

우린 꽤나 합리적인 판단 과정을 거쳐 돈을 쓸지 말지 결정한다. 하지만 사실 우리 소비엔 무의식적인 요소가 더 크게 작용한다. 에이드리언 편햄 영국 유니버시티칼리지런던UCL 교수는 우리가 지갑을 여는 상황을 세 가지로 구분했다. △불안할 때 △우울할 때 △화가 날 때다. 다시 말해 우리 안에서 솟구치는 불안한 감정을 억누르기 위해 소비라는 이름의 마취제를 투약한다는 뜻이다.

펀햄 교수가 말한 세 가지 시점은 최근 SNS에 곧잘 등장하는 신조어 '시발비용'과도 맞닿아 있다. 흔히 '홧김비용'이라고도 부르는 시발비용은 내가 스트레스를 받지 않았다면 쓰지 않았을 돈을 뜻한다. 여기엔 짜증 나거나 화가 나서와 같은 감정 어휘가 담겨 있다. 스트레스를 받아 홧김에 고급 미용실에 가서 파마를 한다거나 충동적으로 저지른 온라인 쇼핑, 평소라면 버스나 지하철로 이동했을 거리를 특별한 이유 없이 택시를 타고 이동해 나가게 된 비용 등이 해당된다.

실제로 시발비용과 같은 감정적인 소비는 기분을 좋게 만드는 신경전달물질 도파민을 방출한다. 감정적인 소비가 내 안에 가득 차 있는 부정적인 감정을 일시적으로 가라앉히는 데 도움을 준단 뜻이다. 심지어 도파민은 소비가 이뤄지기 전 단계부터 스멀

스멀 나온다. 아이쇼핑이나 웹서핑으로 물건을 둘러볼 때도 도파민이 분비돼 일순간 감정이 나아진다. 하지만 부정적인 감정을 억누르기 위한 소비는 곧장 중독으로 이어지기 쉽다. 내 안의 부정적인 감정이 고개를 들 때마다 심신 안정을 빌미로 쇼핑을 하는 등 무분별한 소비로 이어질 수 있기 때문. 결국 자신의 기분이 곧 소비로 이어지는 셈이다.

'기분=소비'라는 공식은 실험으로도 증명된 바 있다. 제니퍼 러너 하버드대학교 교수는 기분이 소비에 미치는 영향에 대해 알아보기 위해 한 가지 실험을 진행했다. 사람들을 두 그룹으로 나눠 한쪽엔 슬픈 영화를, 다른 한쪽엔 자연을 배경으로 한 다큐멘터리를 보여줬다.

결과는 어땠을까. 영상을 다 보고 난 뒤 각 그룹에 형광펜 세트를 판매했더니 슬픈 영화를 본 사람들이 다큐멘터리를 본 그룹보다 30%의 비용을 더 지불하고서 펜을 샀다. 이를 통해 러너 교수는 부정적인 감정을 지닌 소비자일수록 자기 인식이 떨어지고, 보상 심리가 더 크게 작용해 돈을 쉽게 쓰게 된다는 결론을 내렸다.

이와 비슷한 사례는 최근 코로나19 시대에도 쉽게 목격된다. 2021년 3월 여의도에 문을 연 더현대서울은 개장 후 맞은 첫 일요일 하루에만 102억 원이란 기록적인 매출을 달성했다. 현대백화점그룹 창립 이후 단일 매장 하루 매출액 신기록을 세웠다. 역대급 매출 이면엔 코로나19 장기화로 커진 소비자들의 우울감과 불안감이 깊숙이 깔려 있다. 서울연구원이 내놓은 2021년 1분기 서울시 소비자 체감경기와 보복소비 보고서에 따르면 서울시민 1,200명에게 보복소비(외부요인에 의해 억눌렸던 소비가 한꺼번에 분출되는 현상)를 경험한 적이 있는지 물었더니 4명 중 1명(24.3%)이 있다고 답했다. 보복소비의 가장 큰 원인은 '우울해진 마음에 대한 보상심리'(36.4%)다.

자존감을 지키기 위한 잘못된 소비

하지만 사치가 주는 위안의 약발은 상당히 짧다. 우울해진 감정을 소비로 풀 땐 그 순간 잠시 행복해질지는 몰라도 시간이 지나 줄어든 통장 속 잔액을 볼 땐 내가 그때 왜 그랬을까 후회가 뒤따른다. 실제로 보복소비를 했던 이들의 절반(50.9%) 이상은 보복소비가 가계에 미치는 영향에 대해 '부정적'이라고 답했다. '긍정적'(17.5%) 답변보다 세 배 많은 수준이었다.

기분이 곧 소비로 이어지는 과정에 브레이크를 걸 수 있는 방법은 무엇일까. 오스트리아의 사회심리학자 프리츠 하이더가 주장한 균형이론에서 우린 조금은 해답을 찾을 수 있다. 균형이론에 따르면 인간은 늘 균형을 이루는 심리 상태를 원한다. 하지만 스트레스로 인해 심리 상태가 불균형해지면 우린 스스로에게 보상을 내리게 된다. 스트레스를 받는 순간 평소 사고 싶었던 명품가방을 구매하기 위해 카드를 긁는다거나 필요하지도 않은 물건을 온라인으로 덜컥 주문하는 것 등이 대표적이다. 즉 자존감이 손상을 입으면 우리 안에서 즉각적인 보상 심리가 솟구쳐 돈을 쓰게 된다는 뜻이다.

따라서 감정이 나를 집어삼키려 해도 심리적 균형이 쉽게 흔들리지 않도록 자존감을 바로 세우는 것이 중요하다. 특히 자존감이 낮은 이들은 현실과 이상 자아 사이의 간극을 소비로만 메우려 한다. 벼락부자가 된 이들이 비싼 차와 명품 가방에 집착하는 것도 자존감의 괴리와 깊은 연관이 있다고 할 수 있다.

연인이나 친구와 다투거나 상사에게 심하게 혼쭐난 뒤 당장 무엇인가 사고 싶단 생각이 샘솟는다면 딱 30초만 곰곰이 생각해보자. 우리 마음속에 휘몰아치는 부정적 감정의 소용돌이가 잠잠해질 때까지 한 박자 쉬어보잔 얘기다. 또 부정적인 감정으로부터 벗어나기 위해 소비 에스컬레이터에 덜컥 몸을 맡기려는 건 아닌지도 되물어보자. 심리학자 칼 융은 "무의식을 의식화하지 않으면 무의식이 삶의 방향을 결정하게 된다"라고 말했다. 무의식적 감정에 휩쓸리지 않고 우리 지갑을 지켜내기 위해 단단히 의식할 때다.

세 줄 핵심 포인트 💎

- 소비 과정에는 무의식적인 요소가 크게 작용한다.
- 불안하거나 우울할 때처럼 부정적인 감정이 우리 지갑을 연다.
- 이런 감정이 몰아칠 땐 잠잠해질 때까지 딱 30초만 기다려보자.

님아 그 에어컨 껐다 켰다 하지 마오

매년 에어컨 사용량이 크게 늘고 있다. 온라인 커뮤니티에는 요금 폭탄을 우려해 에어컨 전기세 절약법을 묻는 글이 속속 올라온다.

'에어컨 껐다 켰다 vs 24시간 계속 켜두기' 이 중 전기세 폭탄을 피하는 방법은 어느 쪽일까. 정답은 '에어컨 종류에 따라 다르다'다. 에어컨은 인버터형과 정속형이 있다. 인버터형은 실내가 희망 온도에 다다르면 전력을 최소한으로 쓰면서 온도를 유지한다. 반면 정속형은 희망 온도가 돼도 언제나 100% 출력으로 운전한다.

그렇다면 우리 집 에어컨 종류를 어떻게 알 수 있을까. 에어컨을 2011년 이후에 샀다면 인버터형일 확률이 높다. 인버터형은 2011년 이후에 출시됐기 때문이다. 언제 샀는지 정확하게 기억나지 않는다면 에어컨(실내기) 전면부나 제품 상세 페이지에 인버터(Inverter)라고 쓰여 있는지 확인해보자.

반면 에어컨을 2010년 이전에 구매했거나 에너지소비 효율 등급이 5등급이라면 대부분 정속형이다. 또 실내기와 상세 페이지에 인버터라는 말이 없어도 정속형이다. 인버터형은 껐다 켜기를 반복하지 않고 계속 켜둬야 전기세를 아낄 수 있다. 인버터형은 더운 실내를 시원하게 만들 때 전력을 소비한 뒤 희망 온도에 도달하면 절전모드로 집을 시원하게 유지한다. 하지만 정속형은 일정 간격을 두고 껐다 켜기를 반복하는 것이 좋다. 예를 들어 처음에는 강한 냉방으로 실내 온도를 낮춘 뒤 에어컨을 끄고, 2시간 뒤에 실내가 더워지면 다시 에어컨을 켜는 식이다.

인테리어 플랫폼업체 '오늘의집'에 따르면 정속형 에어컨(6평형 기준)을 12시간 동안 계속 틀었을 때는 전기세가 2만9,570원이었지만, 2시간 간격으로 켜고 껐을 때는 8,530원이었다. 전기세 약 70%를 아낄 수 있는 셈이다. 반대로 인버터형 에어컨(7평형 기준)은 12시간 동안 틀었을 때 7,910원이었으나 2시간 간격으로 틀고 끌 땐 1만2,230원이었다.

에어컨은 희망 온도를 지나치게 낮게 설정하기보다 24~26도를 유지하는 게 좋다. 에어컨은 실내 온도를 낮출 때 전력을 많이 사용한다. 주기적인 에어컨 필터 청소도 냉방 효과를 높여 전기세 절약에 도움을 준다. 한국에너지공단에 따르면 먼지나 오염 입자 등 이물질을 걸러내는 필터만 세척해도 냉방기기 내부의 원활한 공기 순환으로 냉방 효과를 약 60% 높일 수 있다. 이는 에너지도 5% 아끼고 전기세도 27% 줄일 수 있다. ⓦ

BONUS ⑤

라테는 말이야
절약이야

"흑인은 스타벅스 컵을 들고 있어야 한다Black men holding a Starbucks cup." 이런 제목의 영상이 유튜브에서 12만 번 (2022년 3월 기준) 재생됐다. 영상에 등장하는 한 흑인은 영상 제목처럼 모든 흑인이 스타벅스 컵을 들고 다녀야 한다고 말했다. 흑인이 스타벅스 라테를 들고 있으면 경찰이 덜 신경 쓴다는 이유에서다. 그는 스타벅스 컵을 손에 쥐고 있는 것만으로 흑인의 이미지가 예비 범죄자에서 평범한 시민으로 탈바꿈한다고 말한다. 영상에 나오는 흑인 네 명은 꽃송이가 그려진 분홍색 스타벅스 컵을 서로 손에 쥐어가면서 이미지가 어떻게 변하는지 보여준다. 이들은 서로 "얘는 갱스터(깡패)처럼 생겼는데 스타벅스 라테를 들고 있으니까 엄청 평범해 보인다"라며 라테한 모금을 마신다.

커피는 때로 음료 그 이상의 이미지를 심어준다. 나도 엄밀히 말하자면 여태껏 커피 대신 커피가 주는 이미지를 마셔왔다. 경향신문에 따르면 스타벅스 소비에 허위의식이 있다는 시각에 동의하냐는 질문에 응답자 30명 중 22명(77.3%)이 동의한다고 답했다. 앞서 말한 "이미지를 마신다"라는 말이 썩 틀린 말은 아닌 듯하다. 커피 한 잔을 손에 들고 어디론가 바삐 움직이는 뉴요커. 대학생 당시 나는 커피를 들고 거리를 활보하는 뉴요커의 이미지를 동경했다. 커피 한 잔을 들고 있으면 바쁜 현대인이라는 군집 속에 일원이 된 기분을 만끽할 수 있었다. 그 기분을 내기 위해 국밥 한 그릇과 맞먹는 비용을 커피 사는데 기꺼이 지불했다.

우리나라 성인 1명이 1년간 커피에 쏟아붓는 비용은 150만 원에 달한다. 나뿐만 아니라 모든 직장인이 커피에만 어마어마한 비용을 쓰는 셈이다. KB 금융지주 경영연구소가 발표한 '커피전문점 현황 및 시장여건 분석 보고서'에 따르면 1인당 커피 소비량은 2018년 기준 연간 353잔이다. 하루에 한 잔을 마시는 셈이다. 이는 세계 평균 커피 소비량인 132잔의 약 2.7배 수준이다. 돈을 아끼고 싶다면 커피값부터 아껴야 한다는 말이 괜히 나오는 게 아니다. 이제 더 이상 프랜차이즈 커피를 마시지 않기로 했다.

'하루 지출0원' 노머니데이 선언

세계 최고의 싱크탱크라 불리는 랜드연구소의 사이먼 사이넥은 본인의 유튜브 채널에 '자기 자신을 억제하는 방법How to Stop Holding Yourself Back'이란 제목의 영상을 올렸다. 그는 이 영상에서 사람의 두뇌는 부정적인 것을 잘 알아듣지 못한다고 말했다. 이를 증명하기 위해 청중들에게 질문을 던진다.

　"코끼리를 생각하지 마세요."

혹시 지금 이 질문을 듣자마자 바로 코끼리를 떠올리지 않았는가. 사이넥은 이를 통해 우리가 뇌에 무엇을 하지 말라 할 순 없다고 말했다. 코끼리를 생각하지 말라고 할수록 오히려 강조하는 효과가 난다는 게 그의 주장이다. 그는 대신 "난 이걸 할 수 있어"라고 바꿔 말해야 한다고 설명했다. 즉 하길 바라는 바를 말해야 한다는 뜻이다. 예를 들어 스키선수들이 스키를 타고 내려오면서 "나무를 피해야 한다"라고 말하는 순간 자신 앞에 놓인 수많은 나무밖에 보이지 않는다고 한다. 그 대신 '눈길을 따라가자'라고 생각하면 장애물처럼 가로막던 나무들 대신 눈길만 보이게 된다고 사이넥은 조언했다. 즉 눈길에 집중하면 나무가 안 보이고, 나무와 나무 사이 넓은 길이 보인다는 얘기다.

나는 사이먼의 조언을 커피 줄이기에 곧바로 적용했다. 바로 "커피를 마시지 말자" 대신 "하루 지출을 0원으로 만들자." 바로 노^{No} 머니^{money} 데이^{day} 선언이다. 노머니데이는 출퇴근에 드는 교통비를 제외하고 온종일 돈을 쓰지 않는 짠테크 방법 중 하나다. 노머니데이를 시작한 뒤로 아침 출근 전 스틱형 커피를 가방에 챙기는 일은 일상이 됐다. 스틱형 커피를 챙기지 못하는 날을 대비해 회사 책상 서랍엔 스틱형 커피를 비롯해 둥글레차, 녹차 등 각종 차 종류를 채워 넣었다. 하루 지출을 0원으로 만들려면 카페를 드나드는 일부터 끊어야 했다. 그 대신 카페의 빈자리를 스틱형 커피와 티백이 대신했다.

점심을 먹고 난 뒤엔 커피로 잠을 쫓기보다 경복궁 인근 서촌과 북촌을 걸으며 머리를 식혔다. 하지만 길을 건나 보면 광화문과 인사동, 청계천, 넝봉 이곳저곳, 사방팔방에서 커피를 든 직장인들이 쏟아져 나온다. 금연을 결심한 자가 흡연자들 사이에 낀다면 이런 기분일까. 커피 대신 저가 브랜드 커피 정도는 괜찮지 않을까, 스스로 타협의 손을 내밀기도 했다. 그러나 무릇 줄이는 것보다 끊는 게 더 쉽다. 줄이는 것은 끊는 것보다 더 큰 절제력과 강한 의지력이 필요하다. "노머니데이 할 때 하더라도 한 잔 정도는 괜찮잖아"를 외치다 도로-아미타불이 될 게 뻔했다.

노머니데이를 지속할 수 있도록 지탱해준 건 퇴근길에 확인하는 '은행 앱'이었다. 하루 종일 단 한 곳에도 지출하지 하지 않아 결제 내역이 깨끗할 땐 프라푸치노, 바닐라라테보다도 달콤했다. 특히 최근 지출 내역이 과거일수록 그 맛은 더 달달했다. 절약을 위해 커피를 줄이기(끊기)로 했다면 이제 '커피 마시지 않기' 대신 '노머니데이' 혹은 '커피 대신 물 한 잔'과 같은 단어로 바꿔보자. 수많은 나무 사이에 눈길만 바라보고 질주하는 스키선수처럼 어쩌면 어렵게만 느껴졌던 커피 지출 줄이기가 한결 수월해질지도 모른다.

내 소비 욕구는 얼마짜리였을까

직장인이 노머니데이를 시작할 땐 본인의 회사 업무 일정을 고려하는 것이 좋다. 외부 일정이 많은 날엔 노머니데이를 지키기 어렵기 때문. 따라서 외부 일정이 없는 날을 노머니데이로 정해 특정 요일의 지출을 0원으로 만드는 것부터 차근차근 시작해보자. 그다음 노머니데이에 익숙해지면 일주일 중 하루~이틀에서 사흘~나흘로 '하루 지출 0원'을 늘려나가자.

자잘한 지출을 지속해서 막아 아낀 돈으로 저축 통장을 만드는 것도 좋다. 나는 이를 '동기부여 통장'이라고 부른다. 노머니데이로 아낀 돈을 저축하면 그간 참아왔던 소비 욕구가 얼마짜리였는지 통장 속 금액으로 환산해볼 수도 있다. 이는 노머니데이를 이어나가는 원동력이자 촉신세가 된다.

세 줄 핵심 포인트 💎

- 카페인이 아니라 누적된 커피 값이 잠을 달아나게 만든다.
- 커피 비용을 줄이려 '하루 지출 0원' 노머니데이를 선언했다.
- 아낀 돈으로 '동기 부여 통장'이라는 저축 통장을 만들자.

가짜 배고픔에
속고 살았다

이제 더는 편의점에 가지 않기로 했다. 편의점을 제 집 드나들 듯했던 지난날을 정리하겠단 선언이다. 광화문 회사 근처엔 편의점이 두 곳이 있다. 편의 점마다 취급하는 먹거리가 달라 입맛 따라 기분 따라 골라 가는 맛이 있었다. 아침을 챙겨 먹지 못해 출출한 날엔 한 손에 삼각김밥이나 샌드위치를, 다른 한 손엔 두유나 주스를 집어 계산대로 갔다. 모두 합쳐 가격은 약 4,000원 수준. 식당에선 한 끼가 7,000~8,000원 정도였기에 저렴하게 한 끼를 잘 해결했다고 정신 승리했다.

어느새 편의점 충성고객이 돼 있었다. 평소 고르

지 않던 제품을 계산대로 가지고 갈 땐 편의점 사장이 "오늘은 왜 평소에 먹던 걸 안 먹고 이걸 먹느냐"며 내 입맛을 기억할 정도였다. 아침엔 편의점에서 허기를 채웠다면 오후엔 당을 채웠다. 편의점에서 각종 초콜릿과 젤리 등 군것질거리를 가득 쥐고 나올 땐 세상 그렇게 든든할 수가 없었다. 그렇게 하루 2~3번 정도 편의점을 들락날락했다. 편의점은 내게 지갑을 여는 열쇠 같은 곳이었다.

가랑비에 옷 젖는다는 말은 사실이었다. 보통 한 번 결제할 때 3,000~4,000원 수준이라 부담 없이 카느늘 쓱 긁은 결과 말일엔 어마어마한 비용으로 되돌아왔다. 은행 앱을 통해 편의점에서 사용한 비용을 확인하니 한 달 평균 10만~15만 원 수준이었다. 전부 다 내가 쓴 비용이 맞는지 의심이 들어 1일부터 31일까지 편의점에서 결제한 비용을 모두 뽑은 뒤 계산기를 두들겼다. 총액은 10원 단위까지 정확하게 일치했다. 전부 다 내가 쓴 게 맞았다. 티끌 모아 태산이란 말은 어쩌면 편의점에서 쓴 돈을 두고 하는 말이었다.

편의점에서 돈을 쓰는 순간이 매번 유쾌하진 않았다. 지난달 편의점 지출이 예상 액수를 넘어섰을 땐 들었던 물건을 내려놓거나 저렴한 제품으로 대체하기도 했다. 소비에 심리적 허들이 존재하긴 했던 셈이다. 하지만 이 모든 허들을 순식간에 없애는 마법의 주문이 있었다.

"내가 이 정도도 못 사 먹나. 이 정도쯤은 괜찮잖아."

이 말 한마디면 내려놓은 제품을 도로 가지러 가거나 먹고 싶었던 것을 참지 않아도 됐다.

편의점에서 끊임없이 돈을 쓰면서 내가 얻은 건 쪼그라든 통장 잔액 앞자리와 그와 비례해 늘어난 복부 둘레다. 오늘부터 편의점에 이별을 고하려 한다. 소비 단식으로 통장 잔액 앞자리를 지키기 위해서다. 편의점 방문 횟수를 줄여볼까도 했지만 차라리 끊어버리는 편이 나았다. 한 번 가게 되면 적어도 몇천 원 쓸 것이 불 보듯 뻔했다. 편의점을 끊지 않고서는 소비를 줄이기란 불가능했다.

배고픔도 다 같은 배고픔이 아니다

우리가 느끼는 배고픔에는 두 가지 종류가 있다. 바로 진짜 배고픔과 가짜 배고픔이다. 우리가 밥을 먹은 뒤엔 음식물이 보통 위에 3~4시간가량 머무른다고 한다. 이후 모든 소화 과정을 마친 뒤 위에 더 이상 음식물이 남아 있지 않을 때 우리는 배고픔을 느끼게 된다. 그러나 배에서 쪼르륵 소리가 나면서 점점 배고픔이 커지게 되고 특정 음식이 아니라 어떤 음식으로든 배를 채우고 싶단 욕구가 생기게 된다. 이는 진짜 배고픔일 확률이 높다.

반면 가짜 배고픔은 열량이 부족해 배고픔을 느끼는 생리적 배고픔과 다르다. 가짜 배고픔은 보통 체내 수분 부족과 스트레스가 원인일 확률이 높다. 따라서 가짜 배고픔을 심리적 배고픔이라고도 부른다. 우리가 감정적으로 우울하거나 신경 쓰이는 일 (스트레스)이 생길 땐 행복 호르몬이라고 부르는 세로토닌 호르몬의 수치가 급격하게 낮아진다. 이때 우리 몸은 떨어진 세로토닌을 분비시키기 위해 뇌로 배고프다는 신호를 보내 당을 채우도록 한다. 단 음식이 세로토닌 분비를 단시간에 촉진하는 일종의 지름길이기 때문. 이 과정에서 우리는 무언가 먹고 싶단 생각을 하게 된다. 여기에 스트레스 호르몬인 코르티솔 분비가 많아지면 포만감을 느끼게 하는 렙틴과 공복감을 자극하는 그렐린 호르몬과의 균형이 무너지면서 가짜 배고픔을 느끼게 된다. 특히 이런 가짜 배고픔은 초콜릿이나 과자, 젤리와 같은 군것질 거리를 비롯해 기름진 치킨, 피자 같은 특정 음식을 떠올리게 만든다. 당(단맛)이 뇌 안의 쾌락 중추를 자극해 세로토닌 분비를 일시적으로 늘리는 데 도움을 주기 때문이다.

뇌는 위가 꽉 채워질 때 일시적 포만감을 행복한 감정으로 느낀다. 불안감에 휩싸이거나 화가 날 때 음식을 먹으면서 스트레스를 푸는 이들이 많은 것도 같은 이유다. 이런 경험이 반복되다 보면 우리는 심리적 배고픔을 허기짐으로 착각하고 계속 무언가를 먹으려 한다. 편의점에서 쓰는 돈을 줄이기 위해선 진짜 배고픔과 가짜 배고픔을 구분할 필요가 있다. 가짜 배고픔을 진짜 배고픔으로 오해해 편의점에서 이것저것 사 먹는 것은 어쩌면 내 돈도, 몸도 지키지 못하는 행동이다.

편의점에 가고 싶을 때 외우는 주문

진짜 배고픔과 가짜 배고픔을 구별할 때 '브로콜리 테스트'가 도움을 준다. 점심을 먹고 난 뒤 얼마 지나지 않아 허기져 편의점에 가고 싶을 땐 브로콜리라도 먹어 허기를 달래고 싶은지 스스로에게 물어보자. 만약 브로콜리라도 먹어 배고픔을 해결하고 싶다면 이는 '진짜 배고픔'일 확률이 높다. 반면 그게 아니라면? 편의점에 가기보단 차를 꺼내 타 마시는 것으로 대체한다.

브로콜리 테스트는 꽤나 효과적이었다. 오후 2~4시쯤이면 편의점에 출근 도장을 찍었지만, 브로콜리 테스트 이후 편의점을 찾는 발길이 뚝 끊겼다. 브로콜리를 먹고 싶을 만큼 허기를 달래고 싶었던 적이 거의 없었던 셈이다. 사실 여태껏 머릿속을 둥둥 떠다니던 건 오로지 초콜릿과 초코바, 과자 등 달달하고 자극적인 음식뿐이었다. 브로콜리 테스트를 시작한 뒤로 가짜 배고픔이 나를 편의점으로 이끌어왔단 사실을 깨달았다. "브로콜리라도 먹고 싶어?" 이 간단한 질문은 편의점 지출을 줄이는 마법의 주문이 될 수 있다.

영국 조사기관 서플먼츠가 영양학자들과 함께 조사한 결과에 따르면 가짜 배고픔은 보통 △오전 11시 1분 △오후 3시 13분 △오후 9시 31분에 찾아온다고 한다. 일반적으로 이 시간에 피로와 스트레스를 느끼는 경우가 많아 가짜 배고픔을 느끼기 쉽다는 게 연구팀 분석이다. 가짜 배고픔이 우리를 속여 지갑을 열게 만드는 속임수 시간. 이 시간을 주의하면 우리 건강도, 통장 잔액도 지켜낼 수 있다.

갈 때 가더라도 현명하게

편의점과의 결별이 어렵다면 앱을 이용해 편의점에서 쓰는 비용을 줄여보는 것도 좋은 방법이다. 스타트업 미로가 운영하는 '라스트 오더'는 이용자의 위치 정보를 이용해 가까운 곳의 마감 세일 상품을 알려준다. 편의점 상품부터 치킨·피자·분식 등 품목도 다양하다. 실제로 퇴근길에 라스트 오더 앱을 켜내가 있는 곳에서 가장 가까운 편의점을 조회한 결과 마감 세일 중인 즉석조리식품 '부대찌개'를 정상가 6,500원에서 41% 할인된 3,867원에 판매 중이었다. 주문 방식은 1분이 안 걸릴 정도로 간단하다. 라스트 오더로 제품을 장바구니에 담으면 매장에서 먹을지, 방문해서 포장할지를 정한다. 보통 편의점은 방문한 뒤 수령만 할 수 있다.

또 GS25 편의점에서 이용할 수 있는 앱 '더팝'(구 나만의 냉장고)도 직장인들의 푼돈을 아끼는 데 도움을 준다. 이 앱을 이용하면 1+1, 2+1과같이 하나 더 주는 상품을 바로 가져가지 않고 바코드 형태로 보관할 수 있다. 보통 1+1으로 음료나 과자 등을 하나 더 받게 되면 그날 바로 먹곤 한다. 하지만 이 앱을 이용하면 추가 상품을 바코드로 저장할 수 있어 앱 안에 먹을거리들이 차곡차곡 쌓인다. 앱 안에 있는 추가 상품들로 한 끼 식사를 해결할 수 있을 정도다. "아는 만큼 보인다"라는 말은 편의점을 이용할 때도 유효했다. "아는 만큼 아낄 수 있다!"

세 줄 핵심 포인트 💎

- 우리가 느끼는 배고픔엔 진짜 배고픔과 가짜 배고픔이 있다.
- 가짜 배고픔이 소비를 부추길 땐 브로콜리 테스트를 해보자.
- 편의점 이용을 끊기 어렵다면 앱으로 편의점 지출을 아껴보자.

알뜰폰으로 바꾸지 않을 이유가 없다

쥐도 새도 모르게 새나가는 통신비를 2만 원만 줄여도 1년이면 24만 원을 아낄 수 있다. 여태껏 방치해온 휴대전화 요금제를 한 번쯤 손볼 필요가 있단 얘기다. 통신비를 줄여야 할 이유는 통계청 조사에서도 엿볼 수 있다. 통계청이 발표한 2020년 연간 지출 가계동향조사에 따르면 39세 이하 가구당 통신비는 월평균 12만 원 꼴. 1년이면 약 140만 원이다. 직장인에게 통신비가 민감할 수밖에 없는 이유다. 실제로 잡코리아와 알바몬이 직장인 812명을 대상으로 조사한 결과 직장인 10명 중 9명(92.2%)이 '월급 순삭'을 경험했으며 이 중 통신비가 '통장의 월급을 가장 많이 빼가는 요소' 중 4위를 차지했다. 1위는 카드사(식비·쇼핑 등 기본 생활비)였으며, 은행(대출)과 집주인(월세)이 그 뒤를 이었다.

통신비를 들여다보니 기존에 내가 쓰던 6만2,000원짜리 요금제가 과분해 보였다. 한 달 평균 통화 시간은 요금제가 제공하는 통화 시간의 절반도 되지 않았다. 통신비는 통신비대로 내면서 서비스를 낭비하고 있었다. 요금제만 바꿔도 절감 효과가 커 보였다. 매달 6만 원씩 빠져나가는 통신비를 줄이기 위해 알뜰폰(MVNO, Mobile Virtual Network Operator)으로 눈을 돌렸다.

먼저 알뜰폰은 이동통신 3사(SKT, KT, LGU+) 망을 빌려 통신 서비스를 제공한다. 특히 알뜰폰 이용자가 지출하는 통신비는 이동통신 3사의 절반 수준에 불과했다. 시장조사업체 컨슈머인사이트에 따르면 알뜰폰 이용자들의 월평균 통신비는 2만4,700원. 이동통신 3사 평균 요금(4만5,900원) 대비 54% 수준이다. 통신요금을 줄이고자 한다면 알뜰폰은 선택이 아닌 필수다.

같은 데이터량을 기준으로 알뜰폰과 이동통신 3사의 요금을 비교하면 얼마가 차이 날까. 과학기술정보통신부(과기부)에 따르면 9·10·12GB+1Mbps 구간의 경우 이동통신 3사는 월 5만5,000원이지만 알뜰폰은 3만 3,330원 수준이었다. 또 100GB 데이터를 제공하는 이동통신 3사의 5G 평균 요금은 약 7만5,000원이지만 알뜰폰은 5만 원대 초반에 불과하다.

이런 절약 효과에도 불구하고 알뜰폰으로 갈아타기 망설여진다는 이들이 있다. 알뜰폰의 통화 품질과 데이터 속도가 이동통신 3사와 비교해 떨어진다는 이야기 때문. 그렇다면 알뜰폰 성능이 떨어진다는 건 사실일까? 과기부의 2018년 통신서비스 품질평가 결과 발표에 따르면 이동통신 3사와 알뜰폰 품질은 유사한 수준으로 확인됐다. 이는 알뜰폰이 이동통신 3사와 같은 망을 공유하기 때문이다. 이동통신 3사와 동일한 서비스를 이용하면서 요금제는 저렴한 알뜰폰. 절약을 시작한 이들에게 알뜰폰 환승을 머뭇거릴 이유는 없어 보인다. Ⓦ

정말 필요한 걸까
아니면 없어도 되는 걸까

홧김에 돈을 썼다는 뜻의 홧김비용, 외로움을 달래고 기분전환을 위해 쓰는 쓸쓸비용, 스트레스받지 않았다면 쓰지 않았을 비용이란 뜻의 시발비용. 모두 최근 SNS에서 쉽게 찾아볼 수 있는 신조어다. 과거 "충동구매 했다", "지름신이 강림했다"는 말과 달리 모두 감정 어휘를 내포하고 있다는 점이 특징이다. 언어는 사회를 반영하는 거울이라고 한다. 그런 점에서 부정적인 감정을 소비로 풀려는 이들이 점차 늘어나고 있다는 뜻인지도 모른다. 인스타그램에 '시발비용'을 검색하니 시발비용을 해시태그로 단 게시물이 1만7,000개 넘게 나올 정도다.

신한은행이 발간한 '2019 보통사람 금융생활 보고서'에 따르면 이런 홧김비용은 직장인들의 지출 중 한 축으로 자리매김했다. 전국 직장인 1,000명을 대상으로 한 조사에서 10명 중 8명 이상(85.5%)이 스트레스 해소를 위한 비용을 별도로 지출한다고 답했다.

직장인들의 스트레스 해소 비용은 얼마 정도일까. 1회당 평균 홧김비용은 8만6,000원, 횟수는 2.4회였다. 즉 월평균 20만 원이 넘는 돈을 오로지 스트레스 해소에 쓰는 셈이다. 남성은 외식·음주, 게임·스포츠 등 취미용품 쇼핑에, 여성은 의류·잡화 쇼핑과 미용실·네일아트 등에 홧김비용을 지출한다고 답했다.

이제 무언가 사고 싶다는 생각이 들 때 '잠시 멈춤'을 선언하고 정말 내게 필요한 건지 아니면 스트레스를 억누르기 위한 소비는 아닌지 스스로에게 물어보자. "이거 꼭 필요한 물건일까 아니면 없어도 되는 물건일까"라고 말이다. 당장의 소비가 스트레스를 잠재우더라도 며칠 뒤 날아올 카드 명세가 더 큰 스트레스를 몰고 올지도 모른다. 감정을 뜯어보고 소비를 잠시 멈추기만 해도 우리는 어쩌면 월평균 20만 원을 아낄 수 있다.

세 줄 핵심 포인트 💎

- 소비는 부정적인 감정을 잠시 잊게 만드는 단기 마취제다.
- 소비하기에 앞서 "꼭 필요한 걸까, 없어도 되는 걸까" 물어보자.
- 홧김비용은 약 20만 원. 감정만 조절해도 아낄 수 있는 액수다.

식비를 아끼면
지구가 기뻐한다

시간을 돈으로 살 수 없다지만, 돈으로 시간을 아낄 순 있다. 무궁화호를 탈 돈에 웃돈을 얹어 KTX나 SRT를 타면 서울-광주광역시 기준 약 3시간 정도를 벌 수 있다. 물론 승차권 가격은 2만3,000원 정도 차이가 나지만, 3시간이 주는 부수 효과는 어마어마하다. 열차에서 내릴 때 몸이 느끼는 무게감부터가 다르다. 4시간을 꼬박 달린 무궁화호에서 하차할 때 '영차'라면, 1시간 30분을 달린 KTX나 SRT에서 내릴 땐 '으쌰'다. 돈으로는 시간뿐 아니라 어쩌면 그날의 기분마저 살 수 있다.

　돈으로 시간과 기분(혹은 체력)을 동시에 해결할

수 있는 건 교통수단뿐만이 아니다. 끼니를 해결하는 일에도 지갑을 열면 몸이 편하다. 퇴근 후 녹초가 된 몸으로 부엌에서 쌀을 씻어 밥을 안치고 반찬을 만드는 일련의 과정은 돈을 쓰면 사라진다. 밖에서 식사하지 않고 포장해오는 일도 마찬가지다. 포장해온 음식을 다 먹고 난 뒤엔 플라스틱 용기를 흐르는 물에 씻은 뒤 버리면 끝이다. 참새가 방앗간을 그냥 못 지나치듯 퇴근길엔 꼭 대형마트에 들려 저녁 식사를 포장해왔다. 육체 피로는 며칠 전까지 절약하자던 나를 너그럽게 종용했다. 소비 절제 선언 며칠 만에 평소처럼 마트에서 즉석조리식품 몇 개를 골랐다. 내일부터 집밥을 해 먹으면 될 일이라고 합리화했다.

저녁 시간대엔 즉석조리식품이 할인을 시작해 1만 원짜리 치킨이나 피자를 7,000원이면 사 먹을 수 있었다. 만 단위 가격이 천 단위로 바뀌니 손이 절로 갔다. 여기서 멈췄으면 좋았겠지만, 마트에서 소비는 또 다른 소비로 이어졌다. 튀김을 사면 탄산음료를,

탄산음료를 사면 자연스레 과자로 손이 갔다. 지갑을 열면 몸은 편했다. 하지만 마음은 죄책감으로 무거웠다. 며칠 동안 마트에서 사용한 카드 내역을 보면 "돈 아끼려는 생각보다 편해지려는 생각만 앞섰구나" 싶었다. 저녁 식사를 밖에서 사 먹는 일도 최대한 줄여야 했다.

내가 가난한 이유는 '셈법' 때문

부자는 돈을 쓸 때 곱셈으로 생각하고, 가난한 사람은 나눗셈으로 생각한다는 말이 있다. 예를 들어 매달 3,000원씩 나가는 휴대폰 부가서비스를 가입할 때 가난한 사람은 한 달 3,000원을 30일로 나눈다고 한다. 그러면 하루에 100원꼴이니 부담스럽지 않은 가격이라는 생각에 도달한다. 반면 부자는 한 달 3,000원에 12개월을 곱해 1년에 3만6,000원이 지출된다고 계산한다. 그다음 해당 부가서비스를 가입할지 말지 판단한다. 돈에 쫓겨 살 것이냐 쥐고 살 것이냐는 이처럼 단순한 셈법에 따라 나뉘는 셈이다.

애석하게도 나는 돈에 쫓겨 사는 전자에 가까웠다. 그 원인은 앞서 말한 가난한 셈법에 있었다. "오늘도 먹고, 내일도 먹으면 그리 아깝지도 않은데?" 마트에서 즉석조리식품을 살 때 이런 말로 자기합리화했다. 7,000~8,000원 하는 포장 음식을 내일 아침이나 저녁에도 먹으면 한 끼에 3,000~4,000원 꼴이니 돈을 아까워할 필요가 없었다. 막상 다음 날이 되면 어제 다짐은 새까맣게 잊은 채 다른 음식을 사는 데 카드를 쭉 긁었다. 전날 먹다 남은 음식은 그대로 음식물 쓰레기통에 직행하기 일쑤였다.

목표 저축액을 달성하기 위해선 당분간 밖에서 사 먹는 일을 줄여야 했다. 일종의 '집밥 우선주의'다. 마트에서 저녁 식사로 썼던 비용을 나눗셈이 아닌 곱셈으로 계산해보니 저녁 밥값으로만 한 주에 약 4만 원(한 끼 8,000원씩 월~금요일)이 나갔다. 한 달이면 16만 원이다. 집에서 밥해 먹는 수고를 덜기 위해 당연하게 쓰고 있던 비용이다.

'체면'(남을 대하기에 떳떳한 도리나 얼굴)

　미식의 나라 프랑스에선 식당에서 먹다 남은 음식을 포장하는 일이 전통적인 식사 예절에 어긋나는 일이라고 한다. 이는 프랑스 특유의 음식문화에서 비롯됐다. 고급 레스토랑에서 먹다 남은 음식을 싸 달라고 요구하는 건 곧 음식을 만든 요리사를 모욕하는 것과 동급으로 간주하기 때문. 실제로 프랑스인 10명 중 7명은 남은 음식을 포장하는 걸 부끄러워하거나 창피해한다고 한다.

　중국에도 비슷한 음식 문화가 있다. 중국에선 손님을 접대할 때 손님이 음식을 남길 정도로 푸짐하게 상을 차려야 집주인의 체면이 선다고 한다. 그렇다고 음식을 포장하는 일도 거의 없다. 남은 음식을 포장해주는 것도 체면이 깎이는 일로 여긴다고 한다. 그러다 보니 중국에선 버려지는 음식물 양이 연간 1800만 톤이라고 한다. 이는 5000만 명이 1년 동안 먹을 수 있는 양이다. 프랑스와 중국의 음식 문화를 통해 알 수 있듯이 체면의 다른 말은 어쩌면 낭비가 아닐까 싶었다. 반대로 말하자면 체면을 잠시 내려놓는 것만으로 절약이 가능하단 뜻으로도 느껴졌다.

밥 사 먹는 일을 최대한 줄이기로 하면서 여태껏 나를 단단히 감싸왔던 체면을 내려놓기로 했다. 체면 차리다 굶어 죽는단 속담처럼 지나치게 체면만 차리다간 절약도, 저축도 못 하고 손해만 볼 게 뻔했다. 체면 내려놓기의 첫 번째는 '남은 음식 포장주의'다. 내 돈 내고 산 음식을 그대로 남겨두는 일은 돈을 버리는 일과 마찬가지다. 물론 이 사실을 몰랐던 건 아니다. 다만 포장해달란 말이 입 밖으로 쉽게 나오지 않았다. "사장님 포장해주세요"라는 말이 식사를 즐긴 모든 이들의 화목한 분위기(?)를 깨트리는 건 아닐지 혹은 남들에게 좀스러워 보이진 않을까란 우려에서였다. 음식이 남으면 남은 대로 버려두고 오는 게 체면을 살리는 일이라고 생각했다. 하지만 절약을 시작한 뒤로 체면을 살리는 일은 필요 이상의 겉치레, 즉 허영심과 다르지 않다고 판단했다. 또 소

비의 기준을 타인의 시선과 평가가 아니라 오로지
나 자신에 두기로 했던 다짐처럼 멀쩡히 남은 음식
(돈)을 버리는 일이야말로 스스로의 약속을 어기는
셈이었다. 그렇게 남은 음식들을 집으로 포장해 온
다음엔 든든한 한 끼 식사로 재탄생시켰다. 치킨 가
게에서 늘 외면받던 닭가슴살(퍽퍽살)은 훌륭한 닭
죽이 돼 식탁에 올랐다. 포장해온 퍽퍽살의 튀김옷
을 벗기고 뼈와 살을 발라내 뼈로는 육수를 우려냈
다. 그다음 살을 잘게 찢은 다음 육수가 우러나오면
뼈는 버리고 잘게 찢은 살과 밥을 집어넣고 중불에
뭉근히게 끓여내 닭죽으로 저녁을 해결했다. 회사에
서 제공한 도시락이 남을 땐 양해를 구해 남은 도시
락을 쇼핑백에 담아 저녁 식사를 해결했다. 예전 같
으면 포장도 안 뜯은 채 쓰레기통 옆에 덩그러니 놓
인 도시락을 보고서 아까워만 했을 것이다. 한 번이
어렵지 그다음은 쉬웠다. 이후로도 난 도시락이 남
을 때마다 집으로 가져가 저녁을 해결했다.

　남은 음식 포장주의와 집밥 우선주의는 여태껏

새나가던 식비를 틀어막았다. 남은 음식을 포장하거나 집에서 직접 만들어 먹는 날이 점차 늘어나면서 지출 목록에 외식 비용이 자취를 감추기 시작했다. 며칠이 지나도 바뀌지 않는 통장 잔액 앞자리는 남은 음식 포장주의와 집밥 우선주의를 지속하는 데 원동력이 됐다. 목표 저축액을 달성하기까지 당분간 마트에서 식사를 사 오는 일은 없을 거 같다. 그간 제 저녁 식사를 책임져 준 롯데마트 고마웠습니다. 전제 행복을 찾아 떠납니다.

통장을 지키려 했던 일이 이루어낸 것

남은 음식을 포장하는 일은 지구를 지키는 데도 도움된다. 음식물 쓰레기 처리 과정에서 음·폐수가 배출될 뿐더러 연간 885만 톤의 온실가스가 발생되기 때문. 즉 음식물 쓰레기 줄이기가 온실가스 감소로 이어지는 선순환인 셈이다. 전 국민이 음식물 쓰레기를 20%만 줄여도 연간 18억kwh(킬로와트시)의 에너지가 절약된다고 한다. 이는 39만 가구가 겨울을 날 수 있도록 연탄 1억8600만 장을 보급할 수 있는 수준. 돈을 아끼려고 했던 일이 환경까지 지키는 일석이조가 됐다. 당분간 남은 음식 포장주의는 목표 저축액을 넘겨서도 계속 이어갈 계획이다.

세 줄 핵심 포인트 💎

• 목표 저축액에 빠르게 다다르기 위해선 외식도 줄여야 한다.
• "사장님 여기 포장해주세요." 남은 음식 포장을 생활화했다.
• 음식을 포장하는 일은 돈뿐만 아니라 환경까지 지켜내는 일이다.

매달 내는 OTT 구독료도 더치페이 가능합니다

최근 온라인 동영상 서비스(OTT)에 푹 빠진 한 친구는 매달 빠져나가는 OTT 구독료를 두고 이렇게 말했다. "가랑비에 옷 젖는다는 말처럼 구독료가 만만치 않더라". 그도 그럴 것이 이 친구는 넷플릭스, 왓챠, 웨이브, 티빙을 모두 구독 중이었다. 여러 개 OTT를 동시에 구독한 이유는 플랫폼마다 강점을 지닌 콘텐츠가 다르단 이유였다. 왓챠에서는 영화를, 티빙에서는 예능 프로그램이나 드라마를 본다. 실제로 글로벌 동영상 솔루션 기업 브라이트코브가 우리나라 16세 이상 모바일 이용자 1,000명을 대상으로 한 조사에 따르면 OTT 이용자 중 절반 이상(51%)이 2~3개 서비스를 이용한다고 답했다. 네 개 이상을 이용한다고 답한 비율도 11%에 달했다. OTT별 구독료를 보면 한 명만 이용할 수 있는 넷플릭스 베이직 구독료는 2022년 6월 기준 월 9,500원, 웨이브는 9,300원, 티빙 9,000원, 왓챠 7,900원이다. 4개를 모두 구독했을 땐 매달 약 3만 5,000원이 나가는 셈. 여기에 화질, 동시재생 가능한 기기 숫자 등의 옵션이 추가되면 비용은 더 늘어난다.

구독료를 다른 이용자들과 나눠 내는 서비스를 통해 매달 빠져나가는 요금을 줄여보자. 먼저 멀티 OTT 결제정산 플랫폼 피클플러스에서 한 사람의 OTT 아이디를 공유해 구독료를 분담할 수 있나. 먼저 피클플러스는 OTT 아이디를 제공하는 '파티장'과 파티장 아이디를 받아 서비스를 이용하는 '파티원'으로 구성된다. 이용자는 피클플러스에서 1개 이용권, 2개 이용권 등 멤버십을 구매한 뒤 이용권에 해당하는 숫자만큼 OTT를 고르면 된다. 예를 들어 최고화질로 감상할 수 있는 넷플릭스 프리미엄(1만7,000원)을 파티원 4명이 이용한다면 1인당 4,250원만 결제하면 된다. 이는 매달 1만2,100원을 아끼는 셈이다. 마찬가지로 웨이브와 왓챠도 약 60% 이상 할인된 가격으로 이용할 수 있다. 다른 OTT 공유앱 벗츠는 넷플릭스, 왓챠, 웨이브뿐만 아니라 밀리의 서재, 스포티파이, 애플뮤직 등도 지원한다. 물론 일면식도 없는 이들과 OTT 아이디를 공유할 경우 타인이 내 재생 목록을 엿보진 않을지 우려된다. 이때는 계정 잠금 기능을 이용하면 된다. 먼저 넷플릭스에 로그인한 뒤 계정에 들어가 프로필&자녀 보호설정을 누른다. 이어 프로필 잠금 칸에서 '변경'을 클릭해 계정 비밀번호를 입력하고 4자리 PIN 번호를 만들면 된다. ⓦ

미니멀리스트로
통장 잔액 지키기

직장인이라면 누구나 한 번쯤 번 아웃burnout을 겪는다. 번 아웃은 에너지를 소진한다는 뜻으로, 어떤 일을 하다가 극심한 육체적·정신적 피로를 느끼고 의욕 상실에 빠지는 상태다. 일종의 정신적 탈진 상태다. 번 아웃을 극복하는 방법은 사람마다 제각각이다. 아인슈타인은 나무를 자르고 두드리는 목공일로 방전된 몸을 충전했다고 한다.

나는 다림질을 할 때 마음이 편안해졌다. 쭈글쭈글 잔주름 진 옷 위로 다리미가 슥 지나갈 때면 구겨진 마음도 함께 펴지는 기분이 들었다. 다리미가 뿜어내는 뜨거운 입김이 옷감과 만나 내는 특유의 섬유 냄새도 좋았다. 그러다 며칠 전 8년간 잘 써오던 다리미가 고장 났다. 새 다리미를 살까 하다 몇 푼이라도 아끼려 중고 다리미를 사기로 했다.

절약은 훌륭한 장사꾼을 만든다

도서 『나는 단순하게 살기로 했다』를 쓴 작가 사사키 후미오는 책에서 '인 아웃' 법칙을 소개했다. 그가 말한 '인 아웃' 법칙이란 뭔가를 사고 싶을 때 한 가지를 버리는 것이다. 옷장 안 옷걸이 수를 5개로 제한하고 새 옷을 사게 되면 기존에 걸려 있던 옷 중 하나를 버린다. 그래서 늘 자신이 가지고 있는 옷을 5개로 유지하라고 조언했다. 이처럼 한 개를 살 때 한 개를 버리는 규칙은 자신이 정해놓은 숫자 이상으로 물건이 늘어나지 않아 미니멀 라이프에 도움을 줄 수 있다고 말했다.

하나를 채우려면 다른 하나를 버려야만 하는 인 아웃 법칙은 늘 손실을 '0'으로 만든다는 점에서 통장 잔액를 지키는 방법으로도 활용 가능하다. 1만 원짜리 물건을 살 때 내가 가진 물건 1만 원어치를 판매하는 식이다. 그렇게 되면 물건을 사더라도 중고 판매 수입이 생겨 하루 지출을 0원으로 유지할 수 있다.

중고 다리미를 구매하기로 한 날 옷장에 잠자고 있던 고데기들을 주섬주섬 꺼냈다. 새 고데기를 산 뒤로 언젠가 다시 쓰겠지라는 생각에 모아두었던 것들이다. 하지만 한 번도 쓰지 않고 옷장 안에서 겨울잠으로만 꼬박 두 해를 보냈다. 불과 몇 년 전만 하더라도 5,000원짜리 중고 다리미를 사기 위해 2~3만 원 주고 산 고데기를 헐값에 내놓을 생각은 하시도 않았을 것이다. 하지만 절약의, 절약에 의한, 절약을 위한 일상은 내 소비 습관마저 바꿔놓았다. 여전히 뜨겁게 달아오르는 고데기들을 아메리카노 한 잔 가격에 내놓으니 순식간에 팔려나갔다. 그렇게 모은 돈으로 중고 다리미를 구매했다. 5,000원짜리 중고 다리미 하나를 장만하려고 시작한 중고 거래인데 5,000원을 쓰고도 1만 원 이득을 봤다.

인 아웃 방식의 0원 소비는 그 후로도 계속됐다. 3만 원 이하의 물건을 살 땐 중고 판매 수익으로 구매한다는 원칙을 세웠다. 이처럼 돈 쓰는 과정을 복잡하고, 번거롭게 만드는 것만으로

당근가계부	
2021년 3월 ⌄	
	판매내역
비달사순 고데기/매직기 (멀티 스타일러) 팝니다.	5,000원
비달사순 고데기/매직기 (VSCS50CK)	5,000원
니콘 D7000+시그마 17-70+애기망원(55-200) 팝니다	280,000원
합계	290,000원

▶ 중고 거래 내역

당장의 소비를 멈출 수 있었다.

절약을 시작했다면 중고거래와 친해지자. 가끔 중고거래 경험이 없는 이들은 팔 만한 물건이 없다고 변명(?)한다. 하지만 '이런 걸 사는 사람이 있어?' 하는 생각이 드는 물건에도 '판매 완료' 스티커가 떡하니 붙어 있다. 그러니 물건을 판매하기 전부터 지레 겁먹지 말자. 요즘엔 빵을 먹으면 주는 스티커(띠부띠부씰)도 고가에 판매 중이다. 이 글을 쓰는 지금도 나는 10년 전 구입했던 니콘 DSLR을 판매 중이

다. 다음 달 큰돈이 나갈 계획이 있기 때문. 수년간 책상 위에 놓여만 있던 카메라가 좋은 주인을 만나 아름다운 풍경을 담을 수 있길 바란다.

세 줄 핵심 포인트 💎

- 하나를 사면 하나를 버리는 법칙을 절약에도 활용해보자.
- 절약을 시작했다면 중고거래와 친해져야 한다.
- 이게 팔릴까, 걱정하지 말자. 구매자는 반드시 나타난다.

영수증 찢으면 쓰레기,
찍으면 돈

인생역전으로 불리는 로또에 당첨되고도 불과 5년 만에 범죄자 신세가 된 한 남자가 있다. 평범하게 살던 50대 남성 A 씨는 지난 2003년 5월 로또 1등에 당첨됐다. 당첨금 242억 원을 받으면서 돈방석에 앉게 된 A 씨. 실수령액은 189억 원. 역대 두 번째로 많은 금액이었다.

하지만 로또 당첨이란 행운은 그리 오래가지 못했다. A 씨는 당첨금을 받은 뒤 서울 강남구에 30~40억 원 아파트 두 채를 사고 병원 설립 투자로 35억 원, 가족과 친지에게 20억 원, 나머지 수십억 원은 주식에 투자했다. 일확천금을 꿈꿨던 A 씨는 투자에도 쏟아부었지만, 무계획적인 투자로 불과 5년 만에 모든 돈을 날리게 됐다. 호시탐탐 재기를 노리던 A 씨는 인터넷 채팅으로 알게 된 여성에게 투자 전문가 행세를 하며 1억4000만 원을 받아냈다. 하지만 수익은커녕 원금조차 받지 못하게 되자 여성이 A 씨를 경찰에 신고했고 결국 A 씨는 행운의 사나이에서 도피 생활하는 수배자로 전락했다.

모두가 바라는 복권 당첨의 행운이 A 씨에겐 불행의 씨앗이 됐다. 아마 로또 당첨과 동시에 A 씨의 금전 감각이 마비됐기 때문일 것이다. 돈과 연계된 경험과 기억 없이 통장에 찍힌 동그라미 숫자가 송이 쪼가리로 인식되는 순간 돈을 흥청망청 쓰게 되는 셈이다.

금전 감각을 이야기할 때 빠지지 않고 등장하는 법칙이 있다. 바로 '베버-페히너의 법칙'이다. 베버-페히너의 법칙이란 약한 자극을 받으면 자극의 변화가 작아도 그 변화를 감지할 수 있지만 강한 자극을 받으면 자극의 변화가 커야만 변화를 인지할 수 있단 뜻이다. 예를 들어 양초 10개가 켜진 방에 양초 1개를 더하면 방이 환해졌다고 쉽게 느낄 수 있다. 하지만 양초가 100개 켜진 방에 양초 1개를 더해도 10개일 때와 달리 그 차이를 느끼기란 쉽지 않다. 다시 말해 양초 100개를 켠 방이 환해졌단 느낌을 주려면 적어도 양초 10개는 더 켜야 한단 뜻이다. 앞서 말한 A 씨에게 베버-페히너의 법칙을 적용해본다면 당첨금을 손에 쥔 뒤로 그의 금전 감각이 무감각해졌으리라 짐작할 수 있다. 189억 원이 통장에 찍힌 순간 1억~2억쯤은 우습게 보였을 것이다.

우리가 돈을 쓸 때도 베버-페히너의 법칙이 적용된다. 2만 원짜리 이어폰을 사러 매장에 갔을 때 10분 거리 다른 매장에서 같은 물건이 1만5,000원에 판매 중이라고 가정해보자. 아마 우리는 5,000원 더 싸게 살 수 있는 매장으로 발길을 돌릴 것이다. 하지만 이어폰이 아니라 노트북이라면 어떨까. 150만 5,000원짜리 노트북을 사러 매장에 갔을 때 같은 제품을 5,000원 더 저렴하게 살 수 있는 곳이 근처에 있다면? 보통 이럴 땐 "겨우 5,000원 정도로"라는 생각으로 150만5,000원짜리 노트북을 구매할 것이다.

베버-페히너의 법칙으로 알 수 있듯이 우리는 같은 액수라도 상황에 따라 '이 정도씩이나?' 혹은 '이 정도쯤이야' 등 받아들이는 강도가 달라진다. 특히 '이 정도쯤이야'라는 생각이야말로 생활비를 파괴하는 언어다. 하지만 우린 큰돈을 쓸 때 몇천 원을 별거 아닌 금액으로 느낄 때가 많다. 큰돈에 비해 상대적으로 액수가 작다 보니 푼돈처럼 느껴지는 것이다.

도서 『부자들의 생각법』을 쓴 하노 벡은 "부자들은 상대성이 만드는 차가에 잘 속지 않는다"라고 했다. 수백억 유로를 가졌어도 1유로는 그들에게 언제나 1유로일 뿐이라는 뜻이다. 실제로 세계 최대 유통업체인 월마트 창립자 샘 월튼은 "1달러를 낭비하는 것은 고객의 주머니에서 1달러를 도둑질하는 것"이라고 직원들에게 강조했을 만큼 절약을 생활화해왔다.

이런 그의 절약 정신을 알아보기 위해 기자들이

한 가지 시험을 한 적도 있다. 길에 1센트(약 10원) 동전을 떨어트린 뒤 그가 동전을 주울지 안 주울지 지켜본 것. 기자들이 동전을 떨어트리고 몇 분 뒤 월튼의 차가 도착했다. 차에서 내린 그는 길을 가다 망설임 없이 동전을 주웠다. 보통 사람들도 소홀히 여기는 1센트 동전을 줍기 위해 허리를 굽힌 것이다. 이 모습을 보고 놀라움을 감추지 못하는 기자들에게 그는 "대공황의 경험 때문인지 어린 시절부터 무엇이든 아끼는 습관에 익숙해져 그렇다"라고 답했다.

모든 돈은 푼돈에서 시작한다

월튼과 같은 재벌도 아니면서 난 푼돈을 우습게 여겼다. 과거 택시비를 현금으로 결제한 뒤엔 "잔돈은 괜찮습니다"라고 할 정도였다. 하지만 푼돈을 우습게 여긴다면 언젠가 반드시 그 푼돈에 울게 된다. 짠내 생활을 시작하면서 가져야 할 마음가짐은 푼돈을 결코 허투루 여겨선 안 된다는 점이다. 사자는 하찮은 토끼를 사냥할 때도 전력질주하는 법. 한 푼 두 푼 아끼는 절약으로 돈을 모으기로 한 이상 푼돈을 다루는 데도 사력을 다해야 한다. 물론 우리나라에선 보통 현금 대신 카드를 사용하다 보니 잔돈을 낭비하는 일이 적다. 하지만 카드 사용자 대부분이 놓치는 푼돈이 있다. 바로 영수증이다. 결제를 하고 나서 받는 영수증은 푼돈을 모을 수 있는 소중한 재원이다.

"영수증은 버려주세요." 물건을 계산하고 나면 습관처럼 나오는 말이다. 그렇다고 영수증을 꼬깃꼬깃 접어 지갑에 넣어두자니 여간 번거로운 일이 아니다. 그렇게 어배껏 모아온 영수증은 쓰레기통으로 직행한다. 영수증을 대수롭지 않게 여기는 행동은 비단 나뿐만이 아니었다. 지난 2016년 취업포털 인크루트 설문에 따르면 우리나라 성인 10명 중 6명이 영수증을 받자마자 버리는 것으로 조사됐다. 하지만 절약을 통해 한 푼이라도 모아야 하는 이들에겐 영수증은 단순히 종이가 아니다. 태산을 이룰 소중한 티끌이자 훌륭한 자원이다. 짠내 생활을 시작했다면 영수증을 버려달란 말은 이제 푼돈을 버려달란 말과 동일어라고 생각하길 바란다.

식당이나 카페에서 계산한 뒤 영수증을 받았다면 네이버 'MY 플레이스'에 영수증 리뷰를 남겨보자. 영수증 리뷰는 소비자가 영수증으로 해당 업체 방문을 인증하고 별점과 리뷰를 남겨 평가하는 서비스다. 네이버는 영수증 인증을 한 이들에게 네이버 페이 포인트를 지급한다. 먼저 네이버 앱 'MY플레이스'에 들어간 뒤 영수증 인증 버튼을 눌러 영수증을 촬영하면 된다. 영수증을 찍을 땐 결제 내역과 상호가 나와야 한다. 이후 결제정보가 인식되면 리뷰할 수 있는 창이 나온다. 리뷰를 쓰지 않고 별점만 체크해도 포인트가 지급된다. 해당 매장을 처음 인증할 땐 50원, 재방문 땐 10원의 네이버 포인트가 지급된다. 또 3·5·7·10번째 리뷰 땐 추가로 500원을 받을 수 있다.

영수증 리뷰는 하루 최대 다섯 개까지 가능하다. 같은 매장을 중복으로 인증할 순 없다. 예를 들어 A

▶ 영수증 인증 포인트 적립 내역

카페 영수증이 다섯 개라면 하루에 한 개만 인증할 수 있다. 다만 각기 다른 매장의 영수증이 다섯 개라면 하루에 모두 인증한 뒤 포인트를 받을 수 있다. 여기에 3·5회 리뷰할 때 500원도 추가 지급된다. 한 달간 7,000원 이상을 모으는 셈이다.

리워드앱 '캐시카우'에서도 영수증을 인증하면 현금처럼 사용하는 포인트가 지급된다. 특히 캐시카우가 추천하는 상품을 구매하면 더 많은 포인트를 얻는다. 추천 상품으로 올라온 특정 브랜드 제품을 구매한 뒤 영수증을 인증하면 500포인트가 추가 적립되는 것이다. 추천 상품을 사지 않더라도 포인트는 얻을 수 있다. 단 캐시카우에 등록된 업체들의 영수증만 가능하며 30~50포인트 정도가 지급된다.

등록된 업체는 다양하다. 대형마트로는 이마트와 하나로마트, 롯데마트, 홈플러스 등이 등록돼 있다. 창고형 마트 트레이더스와 빅마켓도 포함돼 있다. 또 헬스&뷰티 탭에는 롭스와 랄라블라, 올리브영이 있으며 편의점도 대부분 등록돼 있다. 온라인 쇼핑을 즐기는 이들이 늘어난 만큼 쿠팡과 11번가, 티몬 등 온라인 쇼핑몰 구매 내역도 인증할 수 있다. 영수증 리뷰로 쌓은 캐시카우 포인트는 본인 통장으로 환급받을 수 있으며 5,000포인트부터 사용 가능하다.

그렇다면 이런 앱테크(앱+재테크)로 푼돈을 버는 이들은 얼마나 있을까. 시장조사기업 엠브레인이 2021년 4월 직장인 1,000명을 대상으로 설문한 결과 39.2%가 앱테크를 하고 있다고 답했다. 펀드·ETF(25.9%), 부동산(18.8%), 가상화폐(18.5%)

보다도 많았다. 연령별로는 30대(50%)가 가장 많았으며 20대(46.4%), 40대(35.2%), 50대(25.2%)가 뒤를 이었다.

세 줄 핵심 포인트 💎

- 재벌도 아니면서 푼돈을 우습게 여겼던 지난날을 반성하자.
- 모든 돈은 푼돈에서 시작한다는 점을 명심하자.
- 영수증은 찢으면 쓰레기, 찍으면 돈이 된다.

중고책 팔아 '책테크'

방 한쪽에 쌓아둔 오래된 책들을 한 권씩 세워보니 성인 남성 평균 키(173cm)를 훌쩍 넘겼다. 2022년 5월 KB부동산이 발표한 월간KB주택시장동향에 따르면 서울 전 지역 평당(3.3m²) 아파트 평균 매매가격은 5150만 원. 책이 차지하는 공간이 비로소 얼마짜리였는지 감이 잡힌다. 처음 책을 차곡차곡 쌓아둘 땐 인생을 바꿔줄 한 구절을 언젠가 찾으리라 다짐했다. 현실은 책 정리하라는 어머니의 싸늘한 목소리가 가슴에 비수로 날아와 꽂히지만.

이럴 때는 '책테크'를 통해 소소한 자투리 돈을 마련해보자. 책테크는 책과 재테크의 합성어로 더는 읽지 않는 책을 중고책 시장에 팔아 수익을 내는 것을 말한다. 매입가를 알기 위해 굳이 중고서점을 방문하지 않아도 된다. 앱을 이용하면 집에서 매입 가능 여부와 매입 가 등을 단 10초 만에 알 수 있다. 먼저 온라인서점 알라딘과 YES24 앱을 다운받자. 그다음 알라딘과 YES24 앱을 열면 화면 아래 메뉴에 바코드 모양 표시가 있다. 이 표시를 누르면 바코드를 찍을 수 있는 화면이 나오고, 책 바코드에 화면을 갖다 대면 책을 얼마에 팔 수 있는지 알 수 있다.

보통 매입가는 정가의 10% 수준이지만 신간·재고량·베스트셀러 등 여러 기준에 따라 매입기는 높아질 수 있다. 또 같은 책이라도 앱마다 매입가는 다를 수 있어 가격 비교를 한 뒤 판매하는 것이 좋다. 매입가 조회 후 '팔기 신청'을 누르면 지정 택배사에서 중고책을 수거한다. 판매가가 1만 원 이상이면 택배비는 무료다. 중고책 판매 수익은 현금이나 알라딘·YES24 포인트로 받을 수 있다. 특히 포인트로 받을 때는 20% 추가 적립이 가능해 온라인서점을 자주 이용한다면 포인트로 받는 것이 이득. 방 한구석에 잠들어 있는 책을 팔아 부수입을 얻어보는 건 어떨까. 처치 곤란한 짐을 처리해 한 평 공간을 만드는 것만으로도 큰 수익이 될 수 있다. Ⓦ

옷 하나 샀을 뿐인데,
신발도 사고 싶어

갈색 니트만 살 생각으로 백화점에 들어갔다. 하지만 30분 뒤 백화점을 나설 땐 니트와 카키색 슬랙스 바지 그리고 양말이 양손에 사이좋게 들려 있었다. 이를 두고 우린 사자성어로 여측이심如厠二心이라고 한다. 일관성 없는 마음가짐을 두고 하는 말이다.

평소 옷에 관심이 많은 편은 아니다. 한 달 지출 내역에서 옷이 차지하는 비중은 거의 없는 수준. 하지만 사회생활을 시작하면서 사람을 만나는 일이 잦아지다 보니 자연스레 옷차림에 관심이 생겼다. 옷차림이 주는 영향이 결코 작지 않았기 때문. 미국 밴더빌트대학교 심리학과 교수 빅맨 박사는 사람들 대부분은 좋은 옷을 입고 있는 이의 말을 더 비중 있게 판단한다고 했다. 상대가 내 이야기에 귀 기울이게 만들려면 말투만큼이나 옷에 신경 써야 한단 뜻이었다.

　퇴근 후 백화점에 들려 스파SPA 브랜드 매장을 찾았다. 어떤 바지 색에도 어울릴 만한 어두운 갈색 니트를 하나 집어 들었다. 문제는 이때부터다. 빳빳한 새 옷을 고르니 무릎이 툭 튀어나온 검정색 슬랙스 바지가 눈에 거슬렸다. 기왕 여기까지 온 김에 니트에 어울릴 만한 바지도 사고 싶은 기분이 들었다. 사야 할 이유를 논리정연하게 쏟아냈다. 절약하겠다던 마음가짐은 잘게 부서져 나갔다. 어두운 갈색 니트만 사려 했던 매장에서 카키색 바지까지 사버렸다. 한 번이 어렵지 두 번은 쉬웠다. 이번엔 쇼핑을 마치고 내려오던 길에 갈색 니트, 카키색 슬랙스와 어울릴 만한 색의 양말을 골랐다. 3만~4만 원짜리 옷을 사니 몇천 원짜리 양말이 상대적으로 값싸게 느껴졌다. 이날 쇼핑에선 당초 예상보다 두 배 더 돈을 썼다. 나는 왜 계획에도 없던 바지와 양말까지 사게 된

걸까.

18세기 프랑스 철학자 드니 디드로는 자신의 에세이 『나의 오래된 가운을 버림으로 인한 후회』에서 일화 하나를 소개했다. 디드로는 친구에게 빨간색 고급 가운을 선물받으면서 자신이 원래 가지고 있던 가운을 버린다. 그렇게 빨간색 새 가운을 입은 디드로는 어느 날 서재에서 책을 읽다 문득 집 안에 있는 가구들이 자신의 빨간색 가운과 어울리지 않는다고 느꼈다. 결국 디드로는 방 안에 있는 책상과 의자 심지어 벽걸이 장식 등 모든 가구와 인테리어를 싹 바꿔버렸다. 빨간색 가운 하나로 인해 거금을 들여 다른 것들을 통째로 바꿔버린 것이다. 디드로는 자신의 이런 행동을 돌아보며 어이없어했고 끝내 새 가운을 얻기 전보다 우울해졌다고 말했다.

소비가 소비를 부르는 이런 현상을 두고 캐나다 출신의 인류학자 크랜트 맥크래켄은 '디드로 효과'라고 이름 붙였다. 그는 자신의 저서 『문화와 소비』에서 어떤 물건을 가졌을 때 해당 물건과 어울린다고 생각되거나 아쉬운 점을 보완해 충족시키고 싶은 욕망에 대해 디드로 효과라고 했다.

디드로 효과가 일어나는 이유는 무엇일까. 이는 물건 간에 통일성과 조화성을 추구하려는 소비 태도 때문이다. 우리는 마음에 드는 물건을 가졌을 때 새 물건이 기존의 물건과 조화를 이루길 바란다. 이때 우리는 굳이 바꾸지 않아도 될 것들을 바꾸려 노력한다.

디드로 효과가 두드러지게 나타나는 브랜드가 미국의 애플^{Apple}이다. 애플은 아이폰과 아이패드, 맥북, 폰 케이스 등 통일된 디자인으로 물건 간의 통일성을 맞추려는 소비자 심리를 파고들었다. 스타벅스도 커피뿐만 아니라 텀블러, 다이어리 등 파생 상품을 판매하는데, 이 역시 디드로 효과를 파고든 것으로 보인다. 이처럼 디드로 효과는 우리 일상 속 깊숙한 곳까지 자리 잡고 있다. 새로 산 옷과 어울릴 만한 다른 옷, 소품을 계속해서 찾으려 했던 것도 이런 이유 때문이었다. 나도 몰랐던 심리적(혹은 감정적) 이유가 내 통장을 호시탐탐 노리고 있던 셈이다.

　소비가 소비를 부르는 습관이 불현듯 툭 튀어나올 때마다 나는 스스로 '잠시 멈춤' 버튼을 눌렀다. 성형외과 의사 맥스웰 몰츠 박사는 성형 수술을 받은 환자가 새로운 얼굴에 익숙해지기까지 약 21일 정도의 시간이 소요된다고 했다. 즉 21일은 인간이 새로운 환경에 적응하는 데 필요한 최소 시간인 셈이다. 따라서 새 물건을 들이고 난 뒤 기존의 것들이 낡고 고물처럼 느껴질 땐 최소 시간(21일) 동안은 소비를 멈추기로 했다. 이렇게 잠시 멈추는 것만으로 소비를 확연하게 줄일 수 있다.

　며칠 자고 난 뒤엔 새것도 헌것이 된다. 그래도 간혹 충동구매 욕구가 생길 땐 '72시간 법칙'이 도움된다. 세계적인 성공학자 위르겐 휠러는 "어떤 생각이나 계획을 72시간 안에 실행하지 않으면 실행률이 1%로 떨어진다"라고 말했다. 즉 사고 싶은 물건이 생겼을 때 바로 구매하지 않고 약 3일 정도만 고민하면 구매 욕구가 현저하게 떨어진다는 의미다. 만약 3

일 뒤에도 구매 욕구가 크다면 그땐 과감하게 소비하자. 그럴 때는 큰돈이 나갔단 아쉬움보다 소유의 기쁨이 클 것이다.

세 줄 핵심 포인트 ◇

- 물건 간 통일성을 이루려는 심리가 소비를 부추긴다.
- 소비 욕구가 샘솟으면 최소 시간만이라도 소비를 멈추자.
- 충동구매 욕구엔 바로 사지 말고 '72시간' 스위치를 켜자.

백화점은
보는 곳이다

아끼며 살기 위해선 소비 욕망을 후일로 미뤄야 한다. 지금 당장 필요한 물건이 아니라면 제값 주고 사기보단 할인할 때까지 기다렸다가 물건을 산다.

예를 들어 스킨·로션을 다 사용해 올리브영에서 화장품을 살 일이 있더라도 25~27일까진 사지 않고 버텼다. 화장품이 동났을 땐 어머니가 쓰는 로션을 야금야금 써가며 후일을 도모했다. 보통 매달 25~27일은 '올리브영 데이'라 같은 제품이라도 최대 반값에 살 수 있다. 이런 할인 정보를 모른 채 물건을 산대가는 치명적이다. 네이버 지식인엔 "바로 다음 날이 올리브영 데이라 팔레트(아이새도우)를 1만5,000

원에 살 수 있었는데도 이를 몰라 제값(1만9,000원)을 주고 샀다"며 자신을 호구라고 탓하는 성토 글도 있었다.

매주 구내식당에서 비슷한 메뉴가 나와도 점심값 8,000원을 아낄 수 있다는 생각에 질리지가 않는다. 3년째 절약을 반찬 삼아 기쁜 마음으로 수저와 젓가락을 든다. 동료와 커피를 나눌 일이 있을 땐 프랜차이즈 카페가 코앞에 있더라도 최대 3,000원 더 저렴하게 마실 수 있는 곳까지 걸어간다. 이밖에도 쿠폰을 모두 모아 아메리카노 한 잔을 무료로 마실 수 있는 곳을 찾는다. 몸은 고돼도 내가 참는 만큼 소비를 즉각적으로 줄일 수 있는 맛은 달콤하다.

절약의 8할(80%)은 의식주衣食住 중 식食이 대부분 차지한다. 하지만 의衣도 줄일 수 있으면 줄여야 한다. 그렇다고 옷을 안 입고 다니라는 뜻은 아니다. 백화점에서 쇼핑하다 마음에 드는 옷이 있더라도 그 자리에서 제값 주고 사기보단 조금 더 저렴하게 살 방법을 모색하면 된다. 보통 내가 옷을 사는 과정은 크게 세 단계로 나뉜다. 먼저 ①매장에서 마음에 드는 옷을 발견하면 ②가격표를 확인한 뒤 입어보고 ③가격과 착장(입은 모습)이 마음에 들면 현장에서 결제한다. 즉 백화점 안에서 옷을 보고 입고 사는 모든 과정이 이뤄졌다. 하지만 절약을 시작한 뒤로 백화점은 옷을 사러 가는 공간이 아니라 보러 가는 공간이 됐다. 일종의 '쇼루밍족' 선언이었다. 쇼루밍족이란 오프라인(백화점과 같은 매장)에서 제품을 직접 만져보거나 입어본 뒤 구매는 온라인에서 하는 이들을 말한다. 최근엔 모바일에서 쇼핑 앱을 통해 제품을 구매하는 소비자가 늘어나면서 모루밍족이라고도 부르는 모양새다.

쇼루밍족을 선언한 뒤로 옷을 사는 과정은 조금씩 바뀌었다. 가격과 착장이 마음에 들더라도 현장에서 곧바로 결제하지 않았다. 대신 옷에 붙은 택 정보를 메모했다. 택에는 보통 사이즈와 시리얼 번호(제품 고유 번호)가 적혀 있다. 이를 포털 사이트나 모바일 쇼핑 앱에 검색하면 백화점에서 판매하는 가격보다 보통 20~30%가량 저렴하게 구매할 수 있다. 운이 좋을 땐 백화점 상품을 절반 가격에도 살 수 있다.

A 브랜드의 검정색 슬랙스를 입어본 뒤 마음에 들면 택의 바코드 아래에 있는 숫자나 알파벳을 메모해둔다. 보통 '0111 2511'이나 'ABB 2021' 등으로 시작하는 숫자·알파벳 조합이 그 옷의 시리얼 번호다. 그럼 이 시리얼 번호를 포털사이트나 쇼핑 앱에 검색하면 백화점 매장이나 스마트 스토어 등에서 올린 똑같은 제품을 찾을 수 있다. 그다음 최저가 순으로 정렬해 가장 저렴한 제품을 장바구니에 담으면 된다.

실제로 한 브랜드의 검정색 슬랙스 바지 시리얼 번호를 쇼핑 앱에 검색하니 매장에선 4만9,800원이었으나 온라인에선 3만8,000원에 판매 중이었다. 무려 1만 원 더 싸게 구매할 수 있다. 여기에 쇼핑 앱이 제공하는 다양한 할인 쿠폰까지 적용하면 할인율은 더 커지고 가격은 내려간다. 물론 1만 원을 아낀 자리엔 기다림이 들어선다. 매장에서 옷을 샀다면 바로 다음 날 새 옷을 입을 수 있지만, 온라인으로 구매하면 2~3일 정도 기다려야 하기 때문. 하지만 1만 원 이상을 아낄 수 있는데 그 정돈 문제도 아니다. 정당한 등가교환이었다.

최근엔 이처럼 포털 사이트나 쇼핑 앱에서 시리얼 번호를 검색해 옷을 사는 소비자들이 크게 늘었다고 한다. 한 온라인 쇼핑몰이 자사 사이트의 검색 키워드를 분석한 결과 난수(무작위로 만들어진 수)로 된 시리얼 번호를 검색한 건수가 200% 증가한 것으로 나타났다. 앞으로 옷을 살 땐 택에 적힌 정체불명의 숫자와 알파벳을 유심히 살펴보자. 옷을 저렴하게 살 수 있는 행운의 번호이니.

세 줄 핵심 포인트 💎

- 의류 쇼핑은 절약 생활에 큰 비중을 차지한다.
- 백화점에서는 사고 싶은 옷을 확인만 하자.
- 의류 택에 적힌 시리얼 넘버를 꼭 메모해서 검색해보자.

1년 치 잡지 구독료 16만 원 아끼기

보통 사회 초년생은 월급 관리를 시작하면서 경제 공부의 필요성을 절실히 느낀다. 최근엔 주식이나 가상화폐 투자가 활발해지면서 재테크에 관심을 두는 이들도 많아졌다. 그러다 보니 돈 공부에 도움이 되는 경제 잡지를 눈여겨보지만 매달 여러 권을 구독하자니 벌써 비용이 만만치 않다. 이땐 PC나 스마트폰, 태블릿에서 전자잡지 215종을 무료로 볼 수 있는 앱 '도서관 매거진'을 이용해보자.

도서관 매거진은 디지털 콘텐츠 기업 플랜티엠의 전자잡지 서비스 '모아진'을 제휴 도서관을 통해 이용하는 앱이다. 도서관 매거진에선 시사·경제·IT·패션 등 여러 분야를 아우르는 215가지 잡지를 무료로 볼 수 있다. 특히 주간지 발행 부수 1위인 A 경제 잡지도 이곳에선 매달 무료로 볼 수 있다. 1년으로 따지면 구독료 16만 원 정도를 아끼는 셈이다.

도서관 매거진은 구글 플레이스토어와 앱스토어에서 다운로드가 가능하다. 이 서비스와 제휴한 도서관이라면 해당 도서관 계정으로 로그인하면 된다. 제휴 도서관 회원이 아니라면 제휴 도서관 목록 중 가장 가까운 도서관에서 회원 등록을 하자. 서울 시민이라면 서울도서관이나 서울시교육청 도서관 등에서 온라인 회원 가입을 하면 된다. 만약 제휴 도서관이 인근에 없더라도 낙심하지 말자. 국립중앙도서관 홈페이지에서 회원가입을 한 뒤 이 계정으로 로그인할 수 있다.

도서관 매거진에는 전용 뷰어가 있어 종이 잡지를 그대로 옮겨놓은 전자잡지라고 보면 된다. 따라서 화면을 확대해도 글자나 사진을 선명하게 볼 수 있다. 다만 밑줄을 긋거나 잡지 내용을 복사하는 등의 편의 기능은 없다. 도서관 매거진은 최대 4년 전 과월호도 제공한다. 읽고 싶은 잡지 표지를 누른 뒤 '지난 호' 메뉴에 들어가면 연도별로 과월호가 정리돼 있다. 이제 보고 싶은 잡지가 생긴다면 비용 걱정 없이 도서관 매거진에서 무료로 즐기자.Ⓦ

사는(buy) 녀석이
사는(live) 녀석이 됐다

돈을 쓰지 않는 공간엔 노동이 자리 잡았다. 온라인에서 물건을 살 때 판매자가 멀지 않은 곳에 있으면 30분~1시간 정도를 걸어 제품을 직접 수령했다. 그렇게 배송료 3,000원을 아꼈다. 무료배송은 5만 원 이상 구매해야 한다. 3,000원 아끼겠다고 필요도 없는 물건을 장바구니에 담아 5만 원을 맞추려는 건 어리석은 짓이다. 돈을 쓴 만큼 몸이 편하다. 반대로 돈을 안 쓰면 몸을 움직여야 한다. 최근 배달료가 치솟으면서 포장 주문을 한 뒤 음식을 받으러 매장까지 가는 소비자가 많아졌다. 돈을 아끼려는 만큼 움직여야 한다는 말이 썩 틀린 말은 아닌 듯하다.

지난날을 되돌아보면 내 일상은 외주화에 익숙해져 있었다. 내가 할 수도 있는 일을 번거롭단 이유로 남에게 맡겨왔다는 뜻이다. 퇴근길에 출출할 땐 아파트 단지 앞 푸드 트럭에 들려 오징어튀김이나 타코야끼를 샀다. 먹다 남은 옛날 통닭과 칼집 내 구워 먹으면 훌륭한 간식이 되는 돼지 뒷다리살이 집 냉장고에 있었음에도. 재료를 손질하고 요리하는 노동 대신 바로 꺼내 먹을 수 있는 편안함을 돈 주고 샀다. 절약을 시작한 이상 돈 주고 간식을 사 먹는 일도 기왕이면 줄여야 했다. 간식 정도는 스스로 만들어 먹을 줄 아는 사람이 돼야 했다. 일종의 자급자족 선언이다.

여태껏 외주화해온 영역 중 내가 해결할 수 있는 부분을 하나씩 찾아보았다. 첫 시작은 간식을 직접 만드는 일이었다. 출출할 때마다 오징어 튀김이나 타코야끼를 사 먹는 일도 그만두었다. 대신 대형 식자재마트에 가서 타코야끼 전용 분말과 파래, 건더기 믹스, 소스, 절단 문어를 장바구니에 담았다. 사온 재료를 식탁 위에 한데 모아놓고 유튜브를 봐가며 타코야끼 만드는 법을 차근차근 배워나갔다. 계량컵에 물과 타코야끼 전용 분말, 달걀, 우유를 넣어 반죽하는 동안 달궈진 타코야끼 전용 팬엔 버터를 둘렀다. 그러고 나서 완성된 반죽을 팬에 부은 뒤 문어와 건더기 믹스 등 각종 토핑을 올렸다. 조금씩 익어가는 반죽을 젓가락으로 콕콕 찔러가며 돌려가니 제법 그럴듯한 타코야끼가 완성됐다. 재료비는 2만 원 안팎이었지만 며칠간 타코야끼를 주식으로 먹어도 될 만큼 충분한 양이었다.

신발 한 켤레당 4,000원씩 주고 세탁을 맡기던 일도 관두었다. 대신 비닐에 신발을 넣어 뜨거운 물을 가득 부은 뒤 세제를 풀고 솔로 구석구석 밀어가며 시커먼 때를 밀어냈다. 화장실에 쪼그려 앉아 연달아 세 켤레를 닦고 건조까지 마치니 기진맥진했다. 하지만 통장에서 나갈 뻔한 1만2,000원을 아꼈다는 생각에 금방 기운이 돋았다. 밑창이 윗부분과 떨어지면서 입 벌린 모양이 된 구두도 수명이 다할 때까

▶ 헌 구두를 직접 갈고 닦아 만든 새 구두

지 닦고 조이기로 했다. 벌어진 틈에 낀 모래알을 붓으로 털어낸 뒤 다이소에서 1,000원 주고 산 구두 전용 접착제를 면봉에 묻혀 밑창에 고루 발라줬다. 그리고 드라이기의 뜨거운 바람으로 접착 부분에 열을 가해준 뒤 구두에 착 붙여줬다. 솔에 구두약을 묻혀 화려한 불광(라이터를 이용해 구두약을 녹여 바르는 것)까지 내줬다. 이처럼 내가 직접 해결할 수 있는 영역이 하나둘 늘어날 땐 왠지 모를 자부심마저 느껴졌다.

도서 『생각하지 않는 사람들』을 쓴 니콜라스 카는 사람들이 인터넷 검색에 익숙해지면서 긴 글을 읽는 능력을 잃어간다고 말했다. 특히 점점 모든 일을 검색으로 해결하려고 해 스스로 생각하는 힘 역시 약해져 간다고 말했다. 어쩌면 그의 말대로 우리 일상도 외주화에 익숙해져 자급자족하는 능력을 점차 상실해온 건 아닐까. 당분간 외주화에 기대기보단 스스로 해결할 일들을 찾아볼 참이다. 절약은 나를 자립할 능력이 있는 사람으로 만들어주고 있었다.

세 줄 핵심 포인트 💎

- 직접 할 수도 있는 일을 번거롭다는 이유로 남에게 맡겨왔다.
- 절약을 시작했다면 내가 할 수 있는 일은 스스로 해야 한다.
- 절약은 우리를 자립 능력이 있는 사람으로 만들어준다.

대중교통 이용한다면 '알뜰교통카드' 어때요

절약과 동시에 마주하게 되는 단어가 있다. 바로 변동비와 고정비다. 변동비는 매달 나가는 금액이 변하는 반면 고정비는 매달 나가는 금액이 일정하다. 특히 고정비가 크단 뜻은 숨만 쉬어도 나가는 비용이 많단 뜻이다. 직장인에게 대표적인 고정비로는 교통비가 있다. 인크루트가 운영하는 바로면접 알바앱 알바콜이 직장인 711명을 대상으로 조사한 결과 한 달 용돈(66만3,000원)에서 교통비(23%)가 차지하는 비중은 식비(28%) 다음으로 큰 것으로 나타났다.

하지만 마른오징어도 짜면 물이 나온다던가. 줄이기 어려워 보이는 교통비에도 절약법이 있다. 바로 '알뜰교통카드'다. 이 카드는 절약을 실천 중인 이들에게 교통비 절약을 돕는 가뭄 속 단비다. 회원 수가 70만 명

BONUS

이 넘는 네이버 재테크 관련 커뮤니티의 한 회원은 "알뜰교통카드는 교통비 아끼는 일등 공신이다. 교통비는 쓰는 만큼 나오지만 아까운 지출 중 하나다. 이 카드를 통해 교통비를 조금이라도 줄일 수 있어 뿌듯하다"라고 글을 남겼다.

먼저 알뜰교통카드는 대중교통비를 최대 30%까지 줄일 수 있는 서비스다. 대중교통 이용 시 걷거나 자전거로 이동한 거리에 비례해 최대 20%의 마일리지를 지급한다. 여기에 카드사가 약 10%의 추가할인을 제공한다. 직장인 김소금 씨가 대중교통을 이용하기 위해 보행·자전거로 600m(187.5~337.5원)를 이동하고, 대중교통에서 내려 다시 회사까지 걸어서 200m(62.5~112.5원)를 이동했다면 약 250~450원을 마일리지로 받게 된다. 특히 미세먼지 비상저감조치 발령 시에는 해당 일자의 마일리지가 2배로 적립된다.

그렇다면 알뜰교통카드 이용자들은 한 달간 최대 얼마

를 아꼈을까. 국토교통부 대도시권광역교통위원회와 한국교통안전공단에 따르면 알뜰교통카드 이용자들은 대중교통으로 2020년 월평균 6만3,691원의 요금을 지출했는데 이때 마일리지 적립 8,420원, 카드할인 4,442원 등 총 1만2,862원의 혜택을 받은 것으로 조사됐다. 이는 연간 교통비 지출액의 20.2%를 절감한 셈이다.

알뜰교통카드 외에 지하철 정기 승차권도 교통비 절약에 도움을 준다. 지하철 정기 승차권 종류는 두 가지로, 서울에서만 사용할 수 있는 '서울 전용'과 수도권에서도 사용할 수 있는 '거리비례용'이 있다. 지하철 정기 승차권은 지하철 역사에서 2,500원에 구매한 뒤 목적지와 이동 거리에 따라 충전하면 된다. 서울 전용권은 한 달에 5만5,000원이며 충전일부터 30일 이내 총 60회까지 이용할 수 있다. 반면 일반 교통카드로 5만5,000원을 충전하면 44번(기본요금 1250원 기준)만 사용할 수 있다. 특히 국세청을 통해 정기권 번호를 등록하면 연말정산 때 세금공제도 받을 수 있다. 하지만 버스와 지하철 환승이 불가능해 경기도에서 서울로 출퇴근하는 직장인이라면 지하철 정기 승차권 구매는 오히려 손해가 될 수 있다.Ⓦ

절약에도
불 조절이 필요해

Q. 왜 약불로 구워요? 강불로 1분이면 되는 거잖아요.

A. 보일러를 왜 틀까요. 집을 태우면 더 빨리 따뜻해질 텐데.

요리 못하는 사람들 특징이란 글에 한 누리꾼이 단 댓글이다. 그렇다. 요리란 자고로 '불 조절'이 8할이다. 제아무리 싱싱한 유기농 재료와 1등급 고기를 팬에 올리더라도 불 조절에 실패하는 순간 방금 따온 듯 싱싱했던 재료는 순식간에 풀 죽은 듯 생기를 잃는다. 1등급 고기는 도저히 등급을 매길 수 없을 정도로 처참한 수준이 된다. 절약을 시작한 뒤로 집밥으로 끼니를 해결하면서 깨달은 사실 중 하나가 바로 '요리는 불 조절'이란 명제였다.

> 약불에 30분인 거 강불로 10분 만에 끝내면 안 되는 이유 = 걸어서 내려가면 10분인 거 옥상에서 30초 만에 뛰어내리면 안 되는 이유
>
> —'요리 못하는 애들 특징'에 한 누리꾼이 남긴 글

그간 내 요리 사전에 약불이 없었던 이유는 음식이 나오는 시간을 단축하고 싶어서였다. 뜨겁게 달궈진 팬에 재료를 빠르게 구워내야 허기진 배를 채워줄 음식이 '뚝딱' 완성된다고 믿었다. 요리엔 그에 맞는 불 조절이 필요했다. 재료 속까지 간이 진하게 배어들어야 하는 조림을 할 땐 강불로 재료를 익힌 다음 약불로 오랫동안 조리해야 한다. 반면 볶음 요리를 할 땐 센 불에서 단숨에 재료를 이리저리 뒤집어줘야 한다. 이땐 재료를 넣기 전부터 팬을 충분히 예열시켜줘야 한다. 이렇듯 요리에서 불 조절은 음

식 맛을 좌우하는 중요한 요소 중 하나다.

절약도 마찬가지다. 절약에도 자신의 상황을 고려한 세심한 불 조절이 필요하다. 때로는 강불, 어쩔 땐 중불, 가끔은 약불이 필요한 순간이 다 따로 있다. 절약과 동시에 주변 사람들과의 모든 만남을 차단하며 극단적으로 절약을 실천하는 강불이 언제나 최고인 것만은 아니다. 물론 정해진 기간에 짧고 굵게 목표 금액을 이루려는 이들에겐 강불에 빠르게 볶아내는 볶음 요리처럼 자신을 뜨겁게 몰아붙일 필요도 있다. 하지만 적어도 6개월 이상 절약하기로 계획을 세웠다면 절약 의지가 한순간에 새까맣게 타버리지 않도록 약불과 중불을 적절히 섞을 필요가 있다. 일주일 동안 자신의 지출 상황을 훑어본 뒤 돈을 쓸 수 있는 범위 안에서 자신에게 하루쯤 선물을 해줘도 좋단 얘기다.

먹고 싶어도 먹지 않고 참았던 음식을 주말에 사 먹거나 때론 친구와 만나 커피와 디저트를 사놓고 즐거운 이야기를 나누는 식으로 하루쯤은 절약의 불

씨를 약불로 줄였다. 재료 간의 조화는 어떤지, 간은 잘 됐는지, 속은 얼마나 잘 익었는지 눌러보기도 하고 맛도 보고 향도 맡아가며 불을 키우고 줄이는 과정은 절약을 실천할 때도 필요하다. 센 불로만 절약을 지속하다간 모든 에너지를 소진해 얼마 안 가 실패할 거란 걸 누구보다도 잘 알았다. 절약을 이어가면서 너무나 버거울 땐 내 안의 절약 가스레인지 점화 손잡이가 끝까지 돌아간 건 아닌지 곰곰이 생각해보자. 절약은 맛있다. 단 불 조절에 따라 절약이 무르익어 갈 때에 한해서다.

세 줄 핵심 포인트 💎

• 요리할 때 불 조절을 적절히 하지 않으면 음식은 실패한다.
• 절약도 불 조절이다. 상황을 고려해 불을 키우거나 줄이자.
• 불 조절이 뒷받침될 때 절약은 맛있는 요리가 된다.

물건을 줄이고
찾아온 변화

"놀랍게도 아무런 변화가 없었습니다." 일본 아사히 신문에서 30년간 근무하다 사표를 낸 뒤 미니멀라이프를 실천 중인 전직 기자 이나가키 에미코는 물건을 줄이고 난 뒤 찾아온 변화에 대해 이같이 말했다. 자신에게 꼭 필요한 것만 남겨두고 값비싼 화장품을 모두 처분했더니 놀랍게도 아무런 변화가 없었다고 강조했다. 에미코는 영양분이 고루 함유된 화장품을 끊는 순간 피부가 급속도로 악화하는 건 아닐까 우려했지만, 이는 기우(쓸데없는 걱정)에 불과했다. 미니멀라이프를 시작하기 전 에미코의 2단 장식장에는 빈자리를 찾아보기 힘들 정도로 어마어마한 개수의 화장품이 올라가 있었다. 하지만 그는 그 많던 화장품 개수를 줄였어도 일상엔 (화장품이 많던 때와) 별반 차이가 없었다면서 왜 그렇게 화장품에 돈을 썼을까 싶다고도 덧붙였다.

물건을 줄여도 아무런 변화가 없단 말은 내게도 그대로 적용됐다. 에미코와 마찬가지로 나도 각종 스킨과 로션, 헤어 제품, 고데기 등 꾸밈 비용에 나름 제법 많은 돈(보통 남성 대비)을 쓰고 있었다. 스킨과 로션, 선크림은 기본, 바르고 자는 슬리핑 팩부터 떼어내거나 씻어내는 팩 등 종류도 여러 가지였다. 헤어 제품도 미용실과 비교했을 때 부족하지 않은 정도였다. 고데기는 판이 길고, 짧은 것, 온도 조절이 되는 것 등 종류별로 구비했다. 머리 모양을 고정하는 왁스 제품도 양손에 다 쥐지 못할 정도였다. 젖은 머리 느낌을 내는 웨트wet형부터 고체형 왁스, 크림형 왁스 그리고 바버샵에서 쓰는 고가의 왁스까지 화장대 위에 탑처럼 쌓여 있었다.

같은 기능을 하는 물건이 이미 있는데도 굳이 새

제품을 샀다. 새로 장만한 물건이 평범한 일상을 바꿔줄 거란 기대감 때문이었다. 한 향수 업체는 실험 카메라 형식의 광고에서 자사 향수 제품을 쓰는 순간 이성의 관심을 한 몸에 받게 될 것이라고 암시했다. 향수를 뿌리고 길거리를 지나면 옆을 지나던 이성이 뒤돌아보거나 심지어 번호를 물어보는 식의 광고다. 일종의 향수 대신 환상을 파는 전략이었다. 광고는 환상을 던져 본 것이고, 나는 고것을 확 물어 불었다. 광고 속 화장품, 왁스, 향수 등을 쓰면 광고처럼 드라마틱한 일이 펼쳐질 줄만 알았다. 그러나 놀랍게도 아무런 일도 벌어지지 않았다. 덕분에 절약하기로 마음먹은 이상 광고가 던지는 환상을 덥석 돈 주고 물어버리는 일도 줄였다.

　제품을 다 써갈 때쯤 정말 필요한 물건들만 최소한으로 남겨두기로 했다. 외출할 때 필요한 스킨과 로션, 선크림 각 한 개씩. 왁스도 하나, 스프레이도 하나, 고데기도 가장 마음에 들었던 것으로 하나. 또 피부 고민이 생기면 돈 주고 제품부터 사려던 습관도 고치기로 했다. 사실 여태껏 팩을 종류별로 사용해왔지만, 평소 자주 듣는 말은 피부가 좋아졌다는 말 대신 "오늘 피곤해?", "어제 잠 잘 못 잤어?"다. 당분간 소비로 피부를 가꾸려 하기보다 차라리 한 시간 더 자기를 택했다. 그리고 물을 자주 마시고 군것질거리를 줄여나가기로 했다. 전부 돈 들이지 않고도 실천할 수 있는 것들이었다. 매달 팩을 사는 데 썼던 비용과 간식을 사 먹던 비용까지 줄일 수 있으니 일석이조였다.

화장대 위 물건 개수를 다섯 개 이하로 제한한 건 단순히 물건을 줄이기로 한 것 이상의 결심이었다 물건을 살 땐 꼭 돈을 써 해결해야 하는지, 내가 고칠 방법은 없는지 고민했다. 예를 들어 살을 빼기 위해 몇만 원짜리 다이어트 보조제를 구입하기보단 식사를 줄이고, 5,000걸음이라도 더 걷길 택하는 식이다. 돈을 써서 상품이나 서비스에 의존하는 것을 최소화하잔 약속이었다. 피부가 푸석할 땐 값비싼 영양 크림을 사서 해결하기보단 스트레스를 관리하거나 수

면 시간을 늘리기로 했다. 그마저도 안 될 때 지갑을
열기로 했다.

▶ 빗 종류만 여섯 가지에 달했다

▶ 정말 필요한 물건만 남기기로 했다

　화장대 위 물건을 다섯 개 이하로 제한한 뒤 줄어
든 건 지출뿐만이 아니었다. 아침 시간에 고민하는
시간도 덩달아 줄어들었다. 물건을 줄이기 전엔 1분
1초가 아까운 아침에 화장대에 쌓인 제품 중 "오늘
은 뭘 쓰지"라는 생각에 많은 시간을 소비했다. 하지
만 이젠 제품마다 선택지가 하나다 보니 고민할 겨
를이 없어졌다. 물건을 치워버린 만큼 선택지에 대
한 피곤함을 덜 수 있었다. 실제로 우린 선택지가 부

족할 때보다 오히려 많을 때 스트레스를 강하게 받는다고 한다. 선택지가 많을수록 정보들도 많아져 고르기 매우 힘들어지기 때문이다. 앞으론 물건을 늘려 선택지를 넓히는 것보다 최소한의 선택지 안에서 자유롭기를 택했다. 지출을 줄이기 위해 시작했던 일이 통장 잔액은 물론 일상을 더욱 건강하게 만들어주는 중이다.

세 줄 핵심 포인트 💎

- 물건을 줄여도 생활하는 데 지장이 없다.
- 사용하는 화장품은 5개 이하로 줄인다.
- 선택지를 줄일수록 스트레스 받지 않는다.

정부지원금, 몰라서 못 받으면 억울합니다

4만4,500원. '정보가 곧 돈이다'라는 사실을 깨닫게 한 수업료다. 대학생이던 당시 학교가 공인외국어시험 응시료를 지원해준단 사실도 모른 채 꼬박꼬박 제값을 치르고 시험을 봤다. 시험 응시료 지원 신청서와 응시료 결제 영수증을 학교 행정실에 제출하기만 하면 최대 7만 원까지 받을 수 있었다. 하지만 이를 알았을 땐 이미 '지원금' 막차 버스는 떠난 후였다. 같은 학교를 다니던 한 학생은 자신의 블로그에 해당 응시료 지원 프로그램을 소개하면서 "이 정도 지원금인데 지원 안 받으면 바보 아닐까요?"라고 글을 남겼다. 그랬다. 난 바보였다.

모르면 못 받는 돈은 시험 응시료뿐만이 아니었다. 중 앙부처·지자체·공공기관에서 관리하는 보조금과 서비스 혜택은 약 수만 개에 달한다. 이 중 자신이 받을 수 있는 혜택이 무엇인지 몰라 지원금을 놓치는 이들이 많다. 2019년 한국보건사회연구원에 따르면 복지대상자 10명 중 7명이 국가 보조금을 신청하지 않은 사유 1위는 '잘 몰라서(70.9%)'였다. 그렇다고 수만 개에 이르는 보조금과 서비스 혜택을 받기 위해 일일이 확인하는 일도 현실적으론 어렵다.

이럴 땐 '보조금24'를 통해 간편하게 확인해보자. 여기서는 양육수당과 에너지 바우처, 청년우대형 청약통장 등 중앙부처가 제공하는 305개 서비스를 클릭 한 번으로 확인할 수 있다. 보조금 정보를 찾기 위해 해당 기관 홈페이지를 일일이 방문하지 않아도 된다는 얘기다. 2021년 4월 해당 서비스가 시행된 뒤 같은 해 7월 말까지 132만 명이 이 서비스로 보조금 혜택을 확인했다. 이용 방법은 간단하다. 먼저 앱 '정부24'에서 아이디나 인증서 등으로 로그인한 뒤 홈페이지 화면 상단에 있

BONUS

는 '보조금24'를 클릭한다. 이후 서비스 이용을 위해 정보연계활용에 동의하면 △현금지원 171개 △의료지원·일자리·돌봄 등 84개 △이용권 27개 △현물지원 23개 등의 서비스 정보를 개인 연령과 가구 특성, 복지대상 자격정보에 맞춰 안내해준다. '아는 만큼 보인다'라는 문구는 어쩌면 정부 혜택을 두고 하는 말이었다. 자신도 모르는 사이 보조금24로 놓치고 있는 혜택은 없는지 곧바로 확인해보자. Ⓦ

절약은
나 자신을 마주하는 일이다

절약은 식이요법 중 하나인 간헐적 단식과 묘하게 닮았다. 간헐적 단식은 하루 중 정해진 시간에만 음식을 먹고 나머지 시간엔 공복을 유지하는 방식이다. 절약도 마찬가지로 최소한의 비용으로 정해진 기간 동안 생활한다는 점에서 어찌 보면 '간헐적 소비'라는 말로 바꿔 말할 수 있다.

간헐적 단식을 통해 우리가 얻을 수 있는 효과 중엔 대표적으로 '오토파지'가 있다. 오토파지란 그리스어로 '스스로Auto'와 '먹는다Phagy'를 합친 단어다. 간헐적 단식으로 우리 몸에 영양소 공급이 중단되면 세포들이 생존을 위해 손상된 세포, 비정상적인 세포 등을 스스로 먹어 치워 에너지원을 만든다. 단식을 통해 세포의 자연치유가 일어나는 셈이다. 절약이 간헐적 단식과 묘하게 닮았다는 점도 이 오토파지 때문이다. 절약과 동시에 최소한의 비용으로 생활하다 보니 몸에 덕지덕지 붙어 있던 안 좋은 습관들이 하나둘씩 떨어져 나가는 중이다.

게으름(나태함)으로 인해 나가는 비용이 눈에 띄게 줄어들었다. 과거엔 어물쩍거리다 약속 시간에 늦을 기미가 보이면 택시 타는 걸 당연시했다. 그야말로 시간과 돈을 동시에 버리는 어리석은 짓이었다. 허나 당시엔 그게 최선이었다고 자기합리화했다. 물론 쓰지 않아도 될 돈을 아침부터 썼단 생각에 기분이 개운하진 않았지만 딱 거기까지였다. 그런데 푼돈도 허투루 여기지 않는 지금에 와선 상황이 180도 달라졌다. 무엇보다 택시비로 2~3만 원이 나가면 일주일 치 예산이 흔들린다. 개운치 않은 기분은 덤이다. 이런 최악의 상황을 만들지 않으려면 약속 시간을 앞두고 게으름 피우던 습관부터 버려야 했다.

또 걸어갈 만한 시간과 거리라면 되도록 걸어가기를 택했다. 걷는 동안엔 오늘의 할 일과 고민거리 등을 머릿속으로 정리했다. 그러다 보면 목적지에 도착할 때쯤 복잡하게 엉켜 있던 실타래가 한 줄로 풀려 있는 기분이 들었다. 돈을 아꼈단 뿌듯함도 따라왔다.

마음속에 스멀스멀 차오르던 불안감도 절약을 시작한 뒤로 차츰 꺼져가는 중이다. 소비의 중심에 타인이 아닌 나를 두기로 했다. 과거 SNS에 몰두할 땐 타인이 나를 어떻게 평가할지 끊임없이 의식했다. 소비를 통한 기쁨은 일시적이었다. 원하는 물건을 얻을 땐 일순간 기분이 좋다가도 바닥을 드러내는 잔액를 보면 '이번 달도 어리석게 돈을 낭비했구나'라는 생각이 들었다. 물론 이런 후회는 다음 달 월급이 들어오면 새까맣게 잊어버렸다. 하지만 절약을 시작하면서부턴 계획한 만큼 돈이 쌓이고 어쩔 땐 기대 이상으로 저축까지 했다. 이때의 기쁨은 소비를 통한 기쁨보다 더 크고 오래갔다. 크진 않더라도 조금씩 쌓여가는 돈으로 무언가 해볼 수 있겠다는 자신감마저 들었다. 액수가 차츰 커질수록 자존감도 높아졌다. 지나가는 자동차를 볼 때 "지금 당장 차는 없더라도 저걸 살 수 있는 만큼의 현금이 통장에 있다"라는 마인드였다. 절약을 통해 못 사는 사람에서 안 사는 사람이 됐다는 것만으로도 태도가 달라졌다. 마음은 지갑에서 나온단 말은 유효했다.

"우리가 좋은 습관을 길러야 하는 이유는 나쁜 습관이 일상에 스며드는 걸 막아주기 때문이다"라는 내용의 글을 본 적이 있다. 절약을 시작한 뒤로 적금처럼 쌓이는 기분 좋은 변화들. 나는 그 방파제 뒤에서 시간과 돈을 허투루 낭비하지 않는 습관을 몸에 새기는 중이다. 길고 긴 소비 단식 끝에 내가 얼마나 바뀌어 있을지 문득 궁금해진다.

세 줄 핵심 포인트 💎

- 절약은 간헐적 단식과 닮았다.
- 게으름은 짠내생활의 적이다.
- 못 사는 사람이 아니라 안 사는 사람이다.

카페서 공부하고 싶지만 돈은 아끼고 싶어

대학생 시절 학교 과제를 할 때면 집이나 도서관 대신 카페를 즐겨 찾았다. 방 안에서 몇 글자 끄적이다 보면 밀린 빨래가 눈에 들어왔고 도서관에선 적막을 깨트려선 안 된다는 생각에 갑갑했다. 반면 적당한 소음과 음악, 사람들의 말소리가 뒤섞인 카페는 오랜 시간 책을 보고 있어도 지루하지 않았다. 단어를 중얼거리며 외우거나 할 때도 주변 소리에 묻혀 신경이 덜 쓰였다. 믿거나 말거나(?) 집중이 잘되는 기분이었다. 공부하다 잠시 볼펜을 내려놓고 창가에서 바깥 풍경을 바라볼 땐 왠지 모르게 상쾌하기까지 했다.

커피 한 잔 값을 지불한 뒤 카페 공간을 개인 사무실이나 독서실처럼 쓰는 이들을 쉽게 찾아볼 수 있다. 동네에서 집중이 잘되는 곳이라고 알려진 일부 카페는 입소문을 타 앉을 자리가 없는 날도 많았다. 이를 두고 유현준 홍익대 건축학과 교수는 "카페는 5,000원을 받고 거실을 빌려주는 초단기 임대업"이라고 표현했다. 카페는 효율적으로 일을 할 수 있는 공간이지만 늘 비용이 문제였다. 과제를 핑계로 매번 프랜차이즈 카페에서 작업할 수는 없는 노릇이었다. 특히 카페에 머무는 시간이 2시간을 넘어설 땐 테이블 위에 놓아둔 빈 컵이 눈치 보여 괜히 디저트류를 추가 주문하기도 했다.

카페처럼 적당한 소음이 있으면서 커피도 즐길 수 있는 공간을 무료로 이용한다면 어떨까. 오프라인 청년센터(청년공간)는 간단하게 식음료를 즐기며 작업에 열중할 수 있는 공간을 제공한다. 특히 오랜 시간 머물러도 커피 한 잔을 더 시켜야 하는 부담감을 가지지 않아도 된다. 청년공간은 전국 12개 지자체가 운영 중인 곳으로, 만 19세 이상~39세 이하 청년이라면 누구나 이용할 수 있다. 또 스터디룸과 모임, 세미나 등을 할 수 있는 공간도 제공한다. 2021년 9월 기준 전국에 있는 청년공간은 총 218곳으로, 시설 대부분을 무료로 이용할 수 있다. 주변에 있는 청년공간을 찾고 싶다면 온라인청년센터 홈페이지를 방문하면 된다. 홈페이지 상단에 있는 '청년공간' 메뉴에 들어가 '청년공간검색'을 클릭하면 지역별 청년공간을 찾을 수 있다. 또 일부 청년공간에서는 커피를 무료로 제공하고 있어 카페 분위기에서 일하고 싶은 대학생이나 직장인들이 이용하면 좋다. 단 방문하기에 앞서 미리 홈페이지에서 예약해야 한다. 커피값 걱정 없이 카페 같은 분위기에서 작업에 열중하고 싶다면 주변에 가까운 청년공간을 찾아보는 건 어떨까. Ⓦ

금융 지식, 그때 미리 알았더라면

작고 귀여운 돈도
재무상담 될까요

내비게이션으로 목적지를 찾아갈 때 가장 먼저 해야 할 일은 무엇일까. 바로 내비게이션에 내 현재 위치를 표시하는 것이다. 그래야 내가 가려는 곳까지 가장 빠른 길은 어디인지, 예상 도착 시간은 언제쯤인지, 막히는 곳은 어디쯤인지 중요한 정보를 미리 파악할 수 있다.

우리가 절약으로 종잣돈을 모을 때 재무상담이 필요한 이유도 마찬가지다. 현재 내 수입과 지출, 소비 습관이 어느 정도 수준인지 알아야 목표 금액에 다다르는 최단 경로를 찾을 수 있다. 특히 재무 상담은 내 소비와 저축 습관이 잘못된 방향을 향해 있는 건 아닌지 알려주고 잘못된 길로 들어섰을 땐 우회로도 안내해주는 표지판이 되어 준다.

하지만 재무상담은 많은 이에게 가깝고도 먼 존재인 듯했다. 며칠 전 재무상담을 예약했단 사실을 지인들에게 얘기했더니 벌써 재무상담을 받을 만큼 돈을 모았느냔 답이 돌아왔다. 다들 어느 정도 돈을 모은 상태가 돼야 재무상담을 받을 수 있는 것쯤으로 알고 있었다. 그래서 난 "뽀시래기(부스러기)처럼 작고 귀여운 제 돈도 재무상담을 받을 수 있다고 하더라고요"라고 말했다.

재무상담에는 비용이 따른다. 포털 사이트 검색창에 재무상담을 검색하니 비용은 5만 원부터 10만 원까지 천차만별이다. 재능거래 플랫폼 숨고에 따르면 재무상담 평균 비용은 6만 4,000원. 물론 무료로 재무상담을 받을 수 있는 서비스도 있지만, 상담 마지막에 특정 금융 상품 가입 권유를 받았다는 후기가 눈에 들어왔다. 재무 설계를 받으려다 오히려 설계당하는 건 아닐지 불안했다. 물론 재무상담 비용을 '2보 전진을 위한 1보 후퇴' 비용이라고 생각할 수 있다. 하지만 믿을 수 있는 전문가에게 무료로 재무상담을 받을 수 있다면 굳이 쓰지 않아도 될 비용이다. 이는 금융감독원(금감원)이 제공하는 금융 자문 서비스 이야기다. 금감원은 부채와 소득, 지출 관리, 은퇴, 노후 준비 등 우리가 꼭 알아야 하는 알짜배기 내용으로 재무상담을 제공한다. 물론 비용은 무료다.

무료라는 말에 "믿을 수 있겠어?"라고 생각하는 이들이 있다. 하지만 상담원 역량을 의심할 필요는 없다. 이곳 상담원은 CFP(국제공인재무설계사) 자격을 갖춘 노련한 전문가들이기 때문. 상담 종류는 대면상담과 전화상담, 온라인상담 등 총 세 가지다. 이 중 자신이 받고 싶은 상담 방식을 택하면 된다. 기승전 '금융 회사 상품 소개'로 이어지진 않을까 염려하지 않아도 된다. 상담 내용에 금융 회사 상품 소개는 없다. 또 상담 내용에는 사회초년생을 비롯해 은퇴자 등 모든 연령을 위한 돈 관리 내용이 담겨 있어 자신의 상황에 맞는 상담을 받을 수 있다. 그렇다면 금감원 재무상담원이 알려주는 돈 관리 원칙엔 어떤 것들이 있을까. 내가 상담받은 내용 일부를 공유하면 아래와 같다.

먼저 상담원은 수입을 두 가지로 나누라고 조언했다. 바로 쓸 돈과 저축할 돈이다. 쓸 돈에 대한 계획을 세워야 비로소 저축이 가능하다고 했다. 이때 우리가 쓸 돈, 즉 지출은 총 세 가지로 구성된다. 바로 고정 지출과 변동 지출, 비정기 지출이다. 상담원은 지출을 세 가지로 구분할 줄 알게 되면 쓸 돈에 대한 계획이 수월하게 이뤄질 수 있다고 강조했다. 반대로 지출을 구분할 줄 모르면 지출을 통제하고 계획하는 데 어려움을 계속해서 느낄 것이라고도 조언했다.

◆**고정지출** : 매달 같은 금액이 반복되는 지출로, 고정지출 비용은 개인마다 제각각이다. 고정지출이 많단 뜻은 내가 저축할 수 있는 돈이 많지 않단

걸 의미한다. 따라서 매달 나가는 고정지출이 얼마인지 파악하고 이를 줄여나가는 것이 무엇보다 중요하다. 특히 고정지출은 일반적으로 자신의 지출에서 40%를 넘는 순간 저축이 어려워진다. 따라서 고정지출 비율은 낮을수록 좋다. 고정지출 비율이 낮을수록 저축할 수 있는 비용이 커지기 때문이다.

◆**변동지출** : 매달 같은 비용이 나가는 고정지출과 달리 내가 쓰는 만큼 나가는 지출이다. 예를 들어 직장인이 사 먹는 점심이나 간식 등을 변동지출이라고 할 수 있다. 내가 쓰는 만큼 나가기 때문에 고정지출과 달리 매달 금액이 달라진다.

◆**비정기지출** : 고정지출, 변동지출과 달리 매달 발생하지 않는 비용이다. 보통 비정기지출은 삶의 질을 높이기 위해 쓰는 지출을 말한다. 예를 들어 신발이나 가방을 비롯한 의복비, 전자제품, 의료비(병원·영양제), 화장품, 여행, 경조사, 기념일 등이

대표적이다.

자신의 지난 지출을 고정지출, 변동지출, 비정기
지출로 나누었다면 이번엔 이를 기준으로 돈 관리 계
획을 세워보자. 상담사에 따르면 일반적으로 돈 관리
계획은 1년에 한 번 세우며 예산과 결산을 매달 해야
한다. 자신이 계획한 대로 저축이 잘 되고 있는지 또
지출을 잘 통제하고 있는지 점검하기 위해서다.

돈 관리 계획을 세울 땐 자신이 한 달에 얼마로
만 생활할 수 있을지 가늠해본 뒤 1년 치 예산을 정
하는 것이 좋다. 생활비에는 변동비(교통비나 미용실
등)를 포함해 카페나 문화비, 식당에서 쓰는 비용까
지 모두 포함해야 한다. 상담원은 고정지출과 변동
지출, 비정기지출을 모두 더한 뒤 월급에서 뺐을 때
0원이란 금액이 나와야 한다고 했다. 예를 들어 월급
이 200만 원이라고 가정해보자. 만약 고정지출(적금
포함)과 변동지출, 비정기 지출을 모두 합한 금액이
100만 원이라면 통장엔 100만 원이 남는다. 이때 남은 100만 원을 자유적금 통장에 넣는 식으로 저축해 월급 통장을 0원으로 만들어야 한다는 뜻이다. 우리는 이걸 '통장 쪼개기'라고 말한다. 월급 통장과 생활비 통장, 비상금 통장 등 사용 목적에 따라 통장을 개설하는 식이다. 상담원은 통장 쪼개기를 하면 내역별로 돈을 구분할 수 있어 굳이 가계부를 쓰지 않아도 가계부 쓰는 효과를 볼 수 있다고 말했다.

월급 통장에 월급이 들어오면 정해진 날짜에 고정비와 적금이 자동으로 이체되도록 설정해둔다. 그렇게 월급 통장에서 고정비와 적금이 빠져나가면 그다음엔 내가 정해둔 생활비를 생활비 통장으로 자동 이체해 생활비 통장과 연동된 체크카드로만 교통비, 미용실, 식당, 마트 등을 이용한다. 또 앞으로 예정된 비정기 지출을 위해 일정 금액을 비상금 통장에 자동 이체해놓는다. 상담사는 이처럼 저축이 선행되고 소비가 뒤따라야 돈 모을 줄 아는 습관이 만들어진다고 힘주어 말했다. 이밖에도 자유적금 통장을 만들어 정기적인 수입 이외의 돈이 생길 때마다 저축해 추가 소득을 마련하라고 덧붙였다.

상담 말미에 상담원은 돈을 모을 때 가장 중요한 건 '무엇'을 위해 저축하려는지 고민하는 시간을 꼭 가지라고 당부했다. 목표 없는 저축은 오래 유지되기 어렵단 뜻이다. 오늘은 짧게는 월별로, 길게는 생애주기별로 저축 목표를 정해보기로 했다. 그리고 내 목표 저축액에 잘 가고 있는지 되돌아볼 참이다.

투자를 시작할 때
경계해야 할 두 가지

한 포털 사이트에 '예견된'이란 단어를 검색하니 '예견된 대란', '예견된 사고', '예견된 위기'가 포함된 제목의 기사들이 줄줄이 올라왔다. 한 직원의 회사 자금 횡령으로 2만 명에 달하는 소액주주들이 피해를 본 사건을 두고선 '예견된 사태'였다고 평가한 기사도 있었다. 글을 읽다가 "그럴 줄 알았더라면 진작 금융당국에 얘기라도 해주지. 그랬다면 소액주주들이 발을 동동 구르며 애태우는 사태를 키우진 않았을 텐데"라고 중얼거렸다.

우린 이를 두고 후견지명_{後見之明}이라고 말한다. 후견지명이란 이미 일어난 일에 대해 원래 모두 알고 있었다는 듯이 말하거나 생각하는 경향을 가리킨다. 현재 상황을 살펴 앞으로 일어날 일을 예측한단 뜻의 선견지명과는 정반대 의미다. 이를 행동경제학에서는 '사후확신편향'이라고도 부른다. 사후확신편향이란 용어가 어렵다면 살면서 이런 말 한 번쯤은 들어봤을 것이다.

"너 내가 그럴 줄 알았어."

이 말은 특히 안 좋은 일이 생겼을 때 제3자에게 자주 들을 수 있는 표현이다. 예를 들어 좋아하는 이성에게 용기 내어 고백했는데 보기 좋게 차였을 때, 몇 달을 고생해 만든 프로젝트가 심사에서 떨어졌을 때… 주변 사람들이 "내가 그렇게 될 줄 알았다"라고 말하는 식이다.

최근 자주 챙겨보는 종합격투기 대회 UFC의 경기 영상 댓글에서도 사후확신편향을 쉽게 찾아볼 수 있다. 예를 들어 연승 행진 중인 한 선수가 상대 선수의 갑작스러운 펀치 한 방에 KO 패배를 당했을 때 격투기 커뮤니티의 일부 회원들은 "내가 이럴 줄 알았다", "어퍼컷에 언젠가 크게 당할 줄 알았다"라고 댓글을 남겼다. 물론 이런 댓글을 단 회원의 과거 댓글을 찾아보면 그 어디에도 이런 결과를 예측한 글은 눈 씻고 찾아봐도 없었지만.

'사후확신편향'은 미국 카네기맬런대 공학공공정책학부의 바루크 피쇼프 교수가 1975년 논문에서 처음 제시한 용어다. 논문 제목도 우리에게 낯설지 않은 '나는 그 일이 일어날 줄 알았다knew it would happen'였다. 그는 1972년 당시 미국 대통령이었던 리처드 닉슨 대통령이 중국을 방문하기 전 학생들에게 닉슨 대통령과 마오쩌둥 주석의 회담이 어떤 결과를 낳을지 예측하게 했다. 그 결과 학생 대부분은 닉슨 대통령의 중국 방문이 부정적일 것이라고 내다봤다. 하지만 학생들의 예측과 달리 닉슨 대통령은 중국에서 양국이 적대관계를 청산하기로 하는 합의를 도출하는 등 성공적인 결과를 거뒀다. 이후 피쇼프 교수는

다시 학생들을 불러 본인의 예측이 맞았는지 재차 질문했다. 그 결과 학생들은 과거 자신들이 내놓은 답변과는 정반대로 닉슨 대통령의 중국 방문이 성공을 거둘 것으로 예측했었다고 주장했다. 즉 자신이 틀린 부분은 축소하고 조금이라도 관련 있는 지점은 크게 부풀려 본인 결정을 정당화하려는 경향을 보인 셈이다.

이런 사후확신편향은 투자를 갓 시작한 이들이 경계해야 할 대상 1순위다. 사후확신편향에 빠지는 순간 자신을 훌륭한 분석가 내지는 투자 예언가라고 믿게 되는 최면에 빠질 수 있기 때문. 과정은 숭덩 빼놓은 채 결과만 볼 경우 투자를 시작하는 이들은 향후 그릇된 판단을 내릴 가능성이 더욱 커진다. 예를 들어 온라인에 상주하는 자칭 투자전문가라는 이들도 이미 나온 결과만을 두고 "내가 이렇게 될 줄 알았다. 예상한 대로다"라며 자신을 전지전능한 예언가처럼 포장한다. 정작 과거 가장 중요한 순간엔 그렇게 말한 적이 없으면서. 하지만 그들의 말만 믿고

"저 사람 말대로 그때 그 주식을 샀어야 했는데 못 샀네"라며 자책하는 이들을 주변에서 쉽게 찾아볼 수 있다. 그리고 자칭 투자전문가들이 언급했던 지점이 다시 돌아올 때 매수에 들어갔다가 덜컥 물리는 경우도 종종 보았다. 이때 손실을 보더라도 투자 자금을 회수하면 그나마 나은 상황. 하지만 손실을 인정하고 싶지 않아 팔지 않고 계속 보유할 때 상황은 더 악화된다. 무엇보다 과정은 싹둑 잘라낸 채 결과만을 두고 판단하기 때문에 투자자로서의 발전 가능성도 낮아진다. 모든 전문가는 이렇게 말한다. "투자는 감각적인 본능보다 이성적인 판단이 필요하다."

사후확신편향과 함께 더닝 크루거 효과도 투자를 시작하는 이들이 경계해야 할 요소 중 하나다. 방송인 강호동은 "이 세상에 제일 무서운 사람은 책을 많이 읽은 사람도, 안 읽은 사람도 아닌 딱 한 권 읽은 사람의 철학"이라고 말했다. 더닝 크루거 효과에 비춰보면 이는 꽤 일리가 있는 말이다. 더닝 크루거 효과는 사회심리학자 데이비드 더닝과 저스틴 크루거의 이름을 따 만든 용어다. 이들은 실제로 능력 있는 사람은 자신의 능력을 과소평가하는 반면 능력 없는 사람은 본인을 과대평가하는 경향이 있단 점을 찾아냈다. 말 그대로 빈 수레는 요란하고 벼는 익을수록 고개를 숙인다가 동시에 작용하는 셈이다. 특히 투자 관점에서 더닝 크루거 효과는 심각한 손실을 부를 수 있다. 예를 들어 자신의 능력을 과대평가해 잘못된 투자 결정을 내렸는데도 무엇이 잘못됐는지 판단할 수 없기 때문. 엎친 데 덮친 격으로 자신의 잘못된 결정이 무엇인지도 모르기 때문에 실수를 반복하는 늪에 빠지게 된다. 말 그대로 선무당이 사람 잡는 셈이다.

절약 3년 차에 접어들며 목표 금액에 가까워질수록 재테크에도 눈을 돌리는 중이다. 그리고 재테크를 본격적으로 시작하기 전 사후확신편향과 더닝 크루거 효과를 경계 1순위로 삼았다. 어쩌면 나의 투자 철학(?)이 된 셈이다. 현명한 재테크를 하려면 자신이 아는 것과 모르는 것을 명확히 구분할 줄 알아야 한다. 성공한 투자자들의 투자 원칙을 하나둘씩 훑어보는 중이다. 엄청난 이익을 보진 못하더라도 손해는 줄어들 테니까.

주식과 펀드,
뭐가 다른 걸까

군 복무 당시 휴가를 나와 경제 관련 책 몇 권을 샀다. 그중 한 권은 주식 투자와 관련된 책이었다. 전역하고 난 뒤 누군가 주식에 대해 물어보면 향후 주식시장 전망에 대해 술술 답할 정도가 되겠다고 다짐했다. 물론 책을 읽은 흔적은 20페이지쯤에 멈춰 있었지만. 전역 후 주식의 '주'자도 모르고 살았다. 주식시장 호황으로 증권사가 역대 최대 실적을 달성했다느니 수주 호황 기대감에 조선주 펀드가 쏠쏠한 재미를 보고 있단 뉴스에도 무덤덤했다. 사실 아는 만큼 보인다는 말이 가장 잘 들어맞는 분야가 바로 경제다. 우리 일상 어느 것 하나 경제와 관련 없는 것들이 없기 때문. 라면 하나를 사더라도 봉지 안 라면과 분말 스프, 건더기 스프 등 모든 것이 세계 경제와 줄줄이 엮여 있다. 예를 들어 라면에 주로 쓰이는 밀과 팜유 원재료 대부분을 수입에 의존하다 보니 국제 원자재 가격에 따라 라면값은 오락가락한다.

오늘은 내다 팔 중고 책을 정리하다 10년 전 구매한 주식 관련 서적이 나왔다. 20대 초반 이 책들을 정독했다면 지금쯤 내 살림살이가 조금은 나아졌을까 생각이 들었다. 절약을 시작한 이들이 현재 나와 같은 후회를 하지 않도록 주식에 대해 알아야 할 최소한의 정보를 몇 가지 공유하고자 한다.

주식이란
기업과의 동업이다

주식 빼곤 다 잘한다고 알려진 디시인사이드 주식 갤러리엔 주식을 한 마디로 설명한 글이 있다.

> 주식을 사면 그 기업과 동업을 하는 것이지요. 수십 년간의 노하우가 쌓인 믿음직한 기업과. 하지만 사업은 뭡니다. 네가 바보인데 네가 운영하지 않습니까? 잘 생각해보십시오.

다소 거친 표현을 사용하긴 했지만, 주식을 설명한 부분에 한해선 맞는 말이다. 주식은 곧 그 기업과 동업하는 것이라고 생각하면 된다. 예를 들어 장사

가 잘되는 A 카페가 사업을 확장하기로 했다고 가정
해보자. 알다시피 사업을 키우려면 돈이 많이 든다.
따라서 A 카페는 사업 확장에 필요한 자금을 마련하
기 위해 은행에서 대출을 받으려 한다. 하지만 사업
이 실패하면 대출 이자에 허덕이진 않을까 걱정된
다. 그래서 A 카페는 사업 확장 자금으로 대출 대신
사람들에게 투자를 받기로 한다. 그렇게 A 카페는 투
자한 이들에게 1만 원당 티켓 한 장씩을 준다. 주식
에선 이 티켓을 증서라고 부른다. 100만 원을 투자
한 사람은 100장의 티켓을, 10만 원을 투자한 사람
은 10장의 티켓을 가지게 된다. 그리고 이 증서를 가
진 투자자들을 주주라고 말한다. 그리고 이렇게 키
운 회사를 주식회사라고 한다. A 카페는 주주들에게
투자받은 돈으로 사업을 불려나가기 시작하고 수익
이 나면 주주들과 수익을 나눈다. 따라서 주식이란
곧 그 회사와 공생 관계라고 볼 수 있다.

   A 카페 주식을 사 동업자가 된 투자자들은 A 카
페 관련 소식에 민감하다. A 카페의 기쁜 소식이 곧

나의 기쁨이요 슬픔도 내 슬픔이 되기 때문. 예를 들어 A 카페가 새롭게 선보인 디저트가 해외에 소개된 뒤 입소문을 타 수출로 이어졌다고 가정해보자. 그렇다면 A 카페 투자자들은 쾌재를 부른다. 신메뉴 수출은 곧 수익 증대로 이어지고 이는 곧 투자자들이 가진 주식 가치도 올라가기 때문. 반면 A 카페 디저트에 벌레가 나와 "구더기 파는 A 카페"라는 제목의 기사가 온라인에 도배된다면? A 카페를 찾던 손님들은 우수수 떨어져 나가 투자자들이 가진 주식의 가치는 반토막 날 가능성이 크다. 이처럼 주식은 내가 투자한 회사와 일심동체가 되는 과정이다.

모든 투자가 그렇듯 주식에도 장단점이 있다. 먼저 주식은 소액이라도 누구나 기업에 투자할 수 있다. 특히 요즘엔 휴대폰으로 주식 계좌를 쉽게 만들 수 있는 데다 주식을 사고(매수), 파는(매도) 것도 휴대폰을 통해 손가락 하나로 가능하다. 따라서 지금 당장 시작할 수 있는 재테크 수단이다. 또 주식의 기본은 쌀 때 사서 비쌀 때 파는 것. 매수와 매도 시점이 딱 맞아떨어지면 단기간에 높은 수익을 올릴 수도 있다. 그리고 내가 직접 기업에 투자하는 방식이기 때문에 펀드와 달리 중간 수수료가 없는 점도 장점이다. 여기에 내가 가진 주식을 빠르게 현금화할수 있다. 예를 들어 내가 가진 주식을 팔면 영업일 기준 2일 뒤에 지정해놓은 계좌로 현금이 들어온다. 하지만 투자로 언제나 이득을 볼 순 없는 법. 주식 시장은 매 순간 시세 변동이 일어나기 때문에 원금을 보장할 수 없다. 또 내가 사려는(혹은 보유한) 종목에 대한 분석 능력과 지식 등이 부족하다면 손실을 볼 수있다.

주식을 얘기할 때 늘 따라오는 펀드라는 건 무엇일까. 주식과 달리 펀드는 투자전문가인 펀드매니저가 투자자들로부터 자금을 모아 주식이나 채권, 부동산 등의 자산에 대신 투자하는 방식이다. 그리고그 이득을 투자자들에게 나눠준다. 펀드는 여러 투자자에게 자금을 모으다 보니 개인이 투자하기 어려운 대규모 단위 투자가 가능하다. 또 투자엔 관심이 있더라도 직접 뛰어들기 어려울 때 전문가가 투자를 대행해주기 때문에 투자에 대한 불안을 줄일 수 있다. 다만 내가 할 일을 전문가가 대신해주기 때문에 펀드매니저에게 수수료를 지불해야 한다. 이 수수료는 펀드나 운용사마다 다르기 때문에 투자하기 전에 반드시 확인해야 한다. 무엇보다 투자할 때 가장 중요한 마음가짐은 투자 책임이 모두 본인에게 있다는 것. 따라서 투자를 할 땐 자신만의 원칙을 하나쯤 세워두어야 한다.

세입자라면 꼭 돌려받자 '장기수선충당금'

국토교통부가 발표한 2020년 주거실태조사에 따르면 우리나라 전체 가구 중 아파트 거주 비율은 51.1%다. 2명 중 1명은 아파트에 사는 셈이다. 아파트에 사는 사람이라면 한 달에 한 번 꼭 받아보는 것이 바로 '관리비 명세서'다. 우리는 관리비 명세서 항목을 잘 모르더라도 의례적으로 이 비용을 낸다. 본인이 쓴 만큼 내는 금액이라고 여겨 지난달보다 많이 또는 적게 나왔다고 비교만 할 뿐이다. 하지만 매달 꼬박꼬박 빠져나가는 관리비 중에도 우리가 돌려받을 수 있는 항목이 있다.

관리비 명세서에는 청소비와 소독비, 승강비 유지비 외에도 '장기수선충당금'이라는 항목이 있다. 이름만 들으면 쉽게 감이 잡히지 않는다. 먼저 아파트와 같은 공동주택은 시간이 지나면서 노후화가 진행된다. 노후

화로 인한 교체, 보수 등에 필요한 금액을 미리 예치하는 일종의 저축성 비용이 장기수선충당금이다. 예를 들어 아파트가 오래돼 하자가 발생하면 고쳐야 하는데 이 금액을 한꺼번에 내려면 부담된다. 따라서 아파트 입주민들의 관리비에 해당 금액을 일부 포함시켜 걷는다. 그렇게 차곡차곡 금액을 모아두었다가 큰돈이 드는 보수 공사를 할 때 사용하게 된다.

이 비용은 아파트가 아니라도 300가구 이상의 공동주택이나 엘리베이터가 설치된 공동주택 등 요건에 충족되는 곳이라면 장기수선충당금 납부 대상이다. 그렇다면 장기수선충당금은 집 소유자와 세입자 중 어느 쪽이 내야 할까. 정답은 바로 집 소유자다. 하지만 대부분 월세나 전세로 사는 세입자들이 아파트 관리비를 내면서 장기수선충당금 비용 부담을 지고 있다. 물론 법적으로 소유자가 장기수선충당금을 내도록 되어 있지만 다른 사용자가 낼 수도 있다. 그래서 소유자에겐 향후 장기수선충당금을 반환해야 하는 의무가 있다. (공동주택관리법 시행령 제31조 8항) 따라서 세입자는 향후 이사 갈 때 지금까지 내왔던 장기수선충당금을 돌려받을 수 있다. 하지만 이사를 하다 보면 정신이 없어 장기수선충당금 반환을 놓치기 쉽고 집주인에게 먼저 달라고 얘기하지 않으면 그냥 넘어가는 부분이 있다. 그렇다고 하더라도 우리가 여태껏 납부한 장기수선충당금을 못 받는 일은 없어야 한다.

그렇다면 장기수선충당금은 어떻게 돌려받을까? 민저 아파트 관리사무소에 가 지금까지 냈던 장기수선충당금 납부확인서를 떼어달라고 요청한다. 공동주택관리법에 따르면 "관리 주체는 공동주택의 사용자가 장기수선충당금의 납부 확인을 요구하는 경우 지체 없이 확인서를 발급해 주어야 한다"라고 명시돼 있다. 그렇게 받은 내역서를 토대로 집주인에게 청구하면 세입자는 지금껏 내왔던 장기수선충당금을 돌려받을 수 있다. 부동산 계약 당시 장기수선충당금을 세입자가 부담한다는 내용이 없으면 무조건 요구해 받을 수 있는 돈이다.

한 가지 더 궁금증이 생긴다. 관리비 명세서에 있는 '수선유지비' 항목이다. 이 비용도 돌려받을 수 있을까? 장기수선충당금이 향후 노후화 문제를 대비한 금액이라면 수선유지비는 문제 발생 즉시 수리하는 부분에 대한 금액이다. 예를 들어 모든 단지의 아파트 엘리베이터가 오래돼 교체해야 한다면 장기수선충당금으로 해결한다. 하지만 한 동의 1개 엘리베이터만 고장나 수리해야 한다면 수선유지비로 해결한다. 따라서 이는 실제로 거주하고 있는 자에게 납부의무가 있어 돌려받지 못하는 항목이다.ⓦ

빚이라고
다 나쁜 게 아니다

중학생 때다. 집에 빚이 있단 사실을 알고 벼락을 맞은 듯 크게 놀랐던 적이 있다. 당시 내게 빚이란 가족의 행복을 앗아가는 비극으로 여겼다. 빚에 쫓기다 끝내 스스로 세상을 등진 사람들의 뉴스를 인터넷에서 쉽게 접한 탓이었을지도 모른다. 그런 무시무시한 빚이 우리 집에도 있었다니. 하지만 얼마 안 가 금융자산 10억 원 이상의 부자들도 평균 11억 원의 빚을 지고 있단 통계를 보고 나서야 '빚 공포증'에서 벗어날 수 있었다. 빚 안 지고 산다는 건 꿈만 같은 일이란 걸 그때 알게 됐다.

우리는 콜레스테롤이란 단어를 들으면 부정적인

이미지부터 떠올린다. 보통 콜레스테롤이 혈관을 막고 비만과 성인병을 유발하는 성분으로 인식되기 때문. 하지만 이는 반은 맞고 반은 틀린 말이다. 콜레스테롤에는 두 가지 종류가 있다. 보통 우리가 알고 있는 나쁜 콜레스테롤은 LDL^{Low density lipoprotein}이다. LDL은 수치가 높을수록 우리가 알고 있는 콜레스테롤의 나쁜 특성, 즉 고지혈증과 만성 성인병을 일으키는 원인이 된다. 반대로 수치가 높을수록 좋은 콜레스테롤인 HDL^{high density lipoprotein}이 있다. HDL은 동맥 내벽에 달라붙은 LDL을 제거해 동맥 경화를 방지하는 역할을 한다.

빛도 콜레스테롤과 마찬가지다. 모르는 사이에 우리를 조금씩 파괴(?)해나가는 LDL같은 빛이 있는 반면 HDL처럼 자산을 불려주는 착한 빛도 있다. 테슬라 전기차가 국내에 들어온 지 얼마 안 됐을 당시 한 중고마켓 앱엔 이런 제목의 글이 올라왔다.

테슬라 모델3 시승(동승) 판매합니다.

글을 올린 판매자는 "테슬라 차량을 구매하기 전에 시승과 기타 정보를 경험하고 싶었지만 직접 타볼 기회가 없어 아쉬웠다"라고 했다. 그러면서 "테슬라를 구매하고자 하는 분들에게 차량을 직접 보여드리는 서비스를 제공하고자 한다"라며 가격표를 제시했다. 가격은 10분에 1만 원, 30분에 2만 원. 이 판매글은 빚을 지렛대 삼아 수익을 만들어낼 수 있음을 보여주는 좋은 사례였다. 예를 들어 판매자가 6000만 원짜리 테슬라 차량을 구매할 때 1000만 원을 대출받았다고 가정해보자. 이때 테슬라 차량을 궁금해하는 소비자들이 물밀 듯이 몰려와 판매자가 매달 대출 이자보다 높은 수익을 본다면? 그의 대출은 좋은 빚이라고 할 수 있다.

하지만 똑같이 대출을 받아 차량을 사더라도 '나쁜 빚'이 될 수 있다. 단순히 과시하려는 목적으로 산 차량이 대표적이다. 남에게 보여주려는 목적으로 산 차량은 그야말로 돈 먹는 하마다. 매달 차 할부금과 보험금 등 각종 비용이 통장에서 빠져나가기 때문.

이처럼 LDL과 같은 나쁜 빚은 소비성 빚이다. 즉 쓰면 없어지거나 사는 순간 가치가 떨어지는 데 내는 빚이다. 또 자신의 수준을 넘어서는 신용카드 할부도 나쁜 빚이라고 할 수 있다.

빚을 내 구매한 자산이 돈을 벌어다 주느냐 마느냐가 좋은 빚과 나쁜 빚을 가르는 기준이 된다. 내가 현재 지닌 빚이 좋은 빚인지 나쁜 빚인지 돌아보자. 나쁜 빚은 점차 줄이고 좋은 빚을 조금씩 늘릴 때 자산 증대 효과를 누릴 가능성은 커질 수 있다.

은행 가기 전
알아두면 좋을 것들
(환율·금리·단리와 복리·적금과 예금)

귀찮음은 언제나 손실을 동반한다. 교류학생으로 미국에 갔을 당시 같은 학교 한국인 친구들이 매일 입에 달고 살았던 말이 있다.

  "오늘 환율 어떻게 됐어?"

  환율은 한국 돈을 달러로 바꾸기 전에 꼭 확인해야 하는 절차다. 하지만 환율을 비교해가며 이리저리 환전 타이밍을 잡는 일이란 내게 번거로운 숙제처럼 느껴졌다. 환율에 무지했다는 점도 한몫했다. 허나 환율을 외면한 대가는 고스란히 손해로 돌아왔다. 같은 돈을 환전하더라도 환율을 꼼꼼히 따져본 친구는 언제나 나보다 몇 푼이라도 더 이득을 보았다. 귀찮다는 이유로 환율을 공부하지 않은 대가는 금전적 손해를 불렀다.

환율이란 우리나라 돈(원화)을 외국 돈으로 바꾸는 비율을 말한다. 그리고 이 비율은 원화를 찾는 사람이 많은지 달러를 찾는 사람이 많은지에 따라 시시각각 달라진다. 이해하기 쉽게 사과에 빗대보자. 사과를 사려는 사람과 팔려는 사람 사이에 합의한 가격이 사과 가격이 된다. 사과가 풍년이라 사과가 흘러넘친다면 사과 가격은 떨어진다. 반면 품귀 현상을 빚어 사과가 귀해지면 가격은 자연스레 오른다. 즉 우리나라 돈을 찾는 사람이 많아지면 원화 가치가 올랐다고 표현한다. 반대로 달러를 찾는 사람이 많아지면 달러 가치가 올랐다고 말한다. 예를 들어 어제 은행에서 1달러를 구하려면 1,500원을 줘야 했지만, 오늘은 500원만 있어도 된단 뜻이다. 이를 두고 우리는 환율이 하락했다고 말한다. 동시에 원화의 가치는 올랐다고 표현한다. 그렇다면 반대로 달러를 찾는 사람이 많아지면서 달러의 몸값이 오르면 어떻게 될까. 어제는 500원이면 1달러를 구할 수 있었지만, 오늘은 1,500원을 다시 지불해야 한다. 우리는 이를 두고 환율이 올랐다고 표현한다. 또 1달러를 구하려면 3배 더 높은 1,500원을 줘야 하니 원화 가치는 떨어졌다고 한다. 이해를 돕기 위해 극단적으로 표현해보자. 1달러를 구하는데 100만 원이 필요하다면? 1달러 한 장에 1만 원 지폐 100장을 줘야 하는 셈이니 원화 가치가 떨어졌음을 쉽게 짐작할 수 있다.

우리가 환전할 때 환율 변동을 유심히 지켜봐야 할 이유도 여기에 있다. 환율이 떨어졌느냐 올랐느냐에 따라 같은 돈을 환전하더라도 차익을 보는지 손해를 보는지 판가름 나기 때문. 이를 등한시해 손해를 본 게 얼마였을지 생각하면 뒷맛이 씁쓸하다.

같은 듯 다른 너, 금리와 이자

'이것'만 알아도 경제 기사의 절반을 이해할 수 있다
는 것. 바로 금리다. 우리가 은행에서 돈을 빌리거나
맡길 때 가장 먼저 확인하는 것도 바로 금리와 이자
다. 금리와 이자는 언뜻 비슷해 보이지만 들여다보
면 차이가 있다. 먼저 갑작스레 돈이 필요해 친구 A
에게 100만 원을 빌렸다고 가정해보자. 그리고 1년
뒤 빌렸던 100만 원을 갚으면서 급할 때 도와줘 고
마웠다는 의미로 10만 원을 더 얹어 110만 원을 줬
다. 이때 더 얹어 준 10만 원을 우리는 이자라고 한
다. 또 100만 원에 10만 원을 더 얹어 줬으니 이때 금
리는 원금 100만 원에 대한 비율, 즉 10%를 금리라
고 한다. 다시 말해 나는 친구에게 10% 금리로 100
만 원을 빌려 10만 원의 이자를 지급한 셈이다. 이때
금리는 원금의 이자에 대한 비율이라고도 해 이자율
이라고도 한다.

　길을 걷다 보면 은행 앞에 '대출·예금 금리'가 큼
지막하게 적힌 간판을 쉽게 찾아볼 수 있다. 은행에

돈을 빌릴 때나 맡길 때 금리가 최우선 고려 조건이기 때문. 예를 들어 은행에 돈을 맡기는 경우(예금) 금리가 더 높은 상품은 같은 금액을 맡기더라도 더 많은 이자를 얻게 된다. 반대로 기업에선 은행에 돈을 빌려(대출) 사업을 키우려 할 때 금리가 높으면 이자를 더 내야 하니 몸조심할 수밖에 없다. 5% 금리로 돈을 빌려 사업을 확장한다고 했을 때 3% 수익을 낸다 해도 2% 손실이 발생하기 때문. 반면 금리가 낮아지면 사정은 달라진다. 1% 금리로 돈을 빌린다면 이자가 낮아져 신제품 구입과 공장 신설 등 투자가 활발해질 가능성이 높아진다 1% 금리로 3% 수익만 내도 2% 이득을 볼 수 있기 때문이다.

이자라도 다 같은 이자가 아니다

은행에 맡긴 돈이(예금) 만기가 됐을 때 은행은 원금과 함께 세금을 뺀 이자까지 합쳐서 돌려준다. 이때 은행이 이자를 계산하는 방법은 두 가지다. 바로 단리와 복리다. 먼저 단리란 내가 낸 원금에 대해서만 이자가 붙는다. 예를 들어 연 10% 금리 단리 상품에 100만 원을 예금하고 3년 뒤에 찾는다고 가정했을 때 만기 시 얼마를 돌려받을까.

1년 1,000,000 x 10% = 이자 100,000원
2년 1,000,000 x 10% = 이자 100,000원
3년 1,000,000 x 10% = 이자 100,000원

따라서 3년 만기 시 원금 300만 원에 이자 30만 원을 더해 총 330만 원(세금 제외)을 받게 된다.

만약 복리로 계산하면 받는 금액이 달라진다. 복리란 원금에 이자를 합한 금액에도 이자가 반복적으로 발생한다. 이 말만 들었을 땐 이해가 쉽게 되질 않는다. 아래 설명을 보면 훨씬 쉽다. 위와 마찬가지로 연 10% 금리 상품에 100만 원을 예금하고 3년 뒤에 찾는다면 만기 시 얼마를 돌려받을까. 단 이번엔 복리로 계산해보자.

1년 1,000,000원 x 10% = 이자 100,000원

2년 1,100,000원 x 10% = 이자 110,000원

3년 1,210,000원 x 10% = 이자 121,000원

따라서 3년 뒤에 내가 받는 금액은 원금 300만 원에 이자 33만1,000원을 더한 333만1,000원(세금 제외)을 받게 된다. 같은 금액을 예금하는데도 이자를 계산하는 방법이 단리냐 복리냐에 따라 만기 시 돌려받는 금액은 확연하게 달라진다. 만약 3년이 아니라 10년이라면? 금액 차이는 훨씬 크게 불어나게 된다.

적금과 예금을 모르면 돈과 시간을 동시에 잃는다

MBC 예능 프로그램 〈전지적 참견 시점〉에서 방송인 박성광의 전(前) 매니저 임송 씨는 사회초년생들의 공감대를 이끌며 많은 응원을 받았다. 당시 스물세 살이던 임 씨가 업무 실수를 하지 않기 위해 꼼꼼히 메모해가며 고군분투하는 모습이 사회초년생들과

닮아 있었기 때문이었다. 이 중 기억에 남는 에피소드는 그녀가 ATM 기기에서 통장 정리를 한 뒤 은행 창구에서 직원과 상담하는 편이었다. 이때 사회에 첫발을 내디딘 지 얼마 안 된 임 씨가 천진난만한 표정으로 "예금이 뭐예요?"라고 묻자 이를 본 게스트들은 깜짝 놀라면서 "예금을 물어본 거예요, 지금?"이라고 말했다. 하지만 난 이 장면을 보고도 깜짝 놀라지 않았다. 임 씨와 마찬가지로 나 역시 보통예금 통장에 돈을 쌓아두는 게 정기예금이라고 착각했던 시기가 있었다. 예금이 뭐냐며 천진난만하게 묻던 임 씨 표정은 지난 과거 내 모습과 겹쳐 보였다.

보통 우리가 처음 시작하는 저축 상품은 정기적금과 정기예금이다. 원금이 보장돼 안정적인 데다 누구나 쉽게 시작할 수 있어 재테크 기본 중의 기본으로 꼽힌다. 하지만 적금과 예금의 차이를 정확히 아는 사람이 의외로 적다. 한 은행원은 자신의 블로그에 "하루에 한두 번 정도 '1000만 원짜리 적금 해주세요'란 요청을 듣는다"라고 적었다. 그러면서

"10명 중 8명은 예금을 적금으로 착각해서 하는 말이며 나머지 2명은 1년 동안 1000만 원을 만들고 싶단 뜻이었다"라고 설명했다. 적금과 예금의 정확한 차이를 모르는 이들이 의외로 흔한 셈이다. 하지만 절약을 시작했다면 적금과 예금의 차이를 꼭 짚고 넘어가야 한다. 보통예금을 정기예금으로 오해해 돈과 시간을 동시에 낭비했던 나와 같은 전철을 밟지 않으려면 말이다.

우리가 은행 이자를 받을 수 있는 상품 중엔 적금과 예금이 있다. 이 둘의 차이는 무엇일까. 먼저 적금은 일정 기간 일정 금액을 정기적으로 은행에 납입하는 상품이다. 적금도 대표적으로 두 가지로 나뉜다. 먼저 매달 정해진 금액을 납입하는 정기적금과 금액에 상관없이(보통 1만 원부터) 자유롭게 납입할 수 있는 자유적금이 있다.

반면 예금은 일정한 금액을 한 번에 은행에 맡긴 뒤 일정 기간 찾아가지 않는 것을 말한다. 예를 들어 은행에 똑같이 1200만 원을 맡긴다고 할 때 100만 원씩 12개월을 납입하면 적금이다. 반면 1200만 원을 한 번에 은행에 넣어놓고 12개월 동안 찾지 않은 뒤 만기가 됐을 때 이자와 함께 되돌려 받는 것은 예금이다.

예금도 대표적으로 두 가지가 있다. 하나는 보통예금과 정기예금이다. 보통예금은 우리가 흔히 말하는 입출금 통장을 말한다. 이용자가 언제든지 통장 안에 있는 돈을 빼다 쓸 수 있어 은행은 고객이 원할 때마다 현금을 내줘야 한다. 그러다 보니 보통예금에 있는 고객 돈을 운용할 수 없어 금리는 상대적으로 낮은 편이다. 반대로 정기 예금은 고객이 돈을 은행에 맡겨두고 찾아가지 않아 (은행이) 돈을 안정적으로 운용할 수 있어 보통예금보다 금리를 높게 친다.

그렇다면 똑같이 1200만 원을 은행에 맡긴다고 할 때 적금과 예금 중 어느 쪽이 더 이득일까. 예를 들어 이자율이 연 5%인 적금 상품과 1년 만기 이자율이 연 5%인 정기예금 상품이 있다고 가정해보자. 정기적금은 100만 원씩 12개월 동안 납입하면 되고

정기예금은 1200만 원을 한꺼번에 넣고 1년간 찾아 가지 않으면 된다. 이자 소득세를 제외하고 이자만 단순 비교했을 때 승자는 어느 쪽일까.

먼저 정기예금은 1년 만기 시 원금 1200만 원에 이자 60만 원을 받아 총 1260만 원을 받게 된다. 반면 정기적금은 원금 1200만 원에 이자 32만5,000원을 받아 총 1232만5,000원을 받게 된다. 은행에 맡긴 금액은 똑같은데 이자가 차이나는 이유는 무엇일까. 그건 바로 적금과 예금에 따라 이자가 적용되는 계산법이 다르기 때문이다. 적금은 첫 달 100만 원에 연 5% 이자율이 그대로 적용된다. 연 5% 이자율이란 뜻은 1년 동안 온전히 은행에 맡긴 돈에 대해서만 5% 이자율을 적용한단 뜻이다. 그렇다면 2월 1일에 맡긴 100만 원은? 12월 1일 기준 11개월만 은행에 맡기는 셈이니 $100 \times 5\% \times 11/12$이 적용된다. 3월 1일에 맡긴 100만 원은 10개월, 11월에 맡긴 100만 원은 딱 한 달만 맡기는 셈이니 $100 \times 5\% \times 1/12$이 적용된다.

반면 1200만 원을 한 번에 맡긴 정기예금은 1200
만 원을 1년 동안 은행이 가지고 있는 셈이니 연 이
자율 5%를 고스란히 적용받는다. 따라서 돈을 모을
때도 전략이 필요하다. 먼저 적금으로 목돈을 모은
뒤 만기된 적금 금액을 그대로 예금으로 옮겨 이자
혜택을 받는 것. 이런 식으로 적금을 예금으로 옮기
다 보면 어느새 자신의 목표 금액이 찍힌 통장을 보
며 흐뭇해할 날이 올 것이다.

에필로그

"띠-잔액이 부족합니다."

단기 계약직으로 일할 당시 선불 교통카드에 단돈 100원이 모자라 버스에서 내려야만 했던 적이 있다. 영상 촬영 업무를 마친 뒤라 카메라와 삼각대 등 족히 10kg이 넘는 장비를 어깨에 짊어 메고 있었지만, 버스가 이런 사정을 봐줄 이유는 없었다. 금액이 10만 원이든 10원이든 부족한 건 부족한 거다. 잔액 부족 통보에 머쓱하게 버스에서 하차한 뒤 경기 안산 대부도의 인적 드문 길을 한동안 걸었다. 이날 도로 가장자리 황색선을 따라 걷다 깨달은 것이 있다. 푼돈을 우습게 여기다간 언젠가 그 푼돈에 울게 되는 날이 틀림없이 온다는 사실이었다. 길을 걷는 동안 엔 여태껏 100원, 500원을 허투루 써온 순간들이 파노라마처럼 머릿속을 스쳐 지났다. 푼돈을 대수롭지 않게 여겨온 태도에 이자가 붙어 오늘날과 같은 대가를 치르는 것이라고.

책을 보면 "사자는 토끼를 사냥할 때도 전력을 다한다"는 말이 나온다. 모든 목돈이 푼돈에서 시작하는 만큼 액수가 적더라도 사력을 다해 낭비를 줄여야 한단 뜻이다. 절약을 시작했다면 돈이 모이는 습관부터 만들어야 하는 이유도 마찬가지다. 『나는 못할 것이 없다』를 쓴 앤드류 우든이 좋은 습관을 '실패를 막아주는 안전핀'에 비유했듯이 책에서 언급한 돈 모이는 습관은 푼돈이 새나가지 않도록 지출 수도꼭지를 꽉 잠가준다.

불과 몇 년 전만 하더라도 △플렉스 △탕진잼 △욜로가 트렌드였다. 이 단어들의 공통점은 자신의 만족과 행복을 위해서 기꺼이 가진 돈을 다 써버린다는 점이다. 하지만 안 오르는 게 없는(월급 제외)

요즘에 이들 키워드는 벌써 구시대적 소비 트렌드가 된 듯하다. 금리가 크게 올라 대출 이자 부담이 커지고 외식 물가도 8%대까지 치솟다 보니 절약은 선택이 아닌 필수가 됐다.

식비를 아끼기 위해 구내식당을 애용하는 직장 동료들도 점점 많아지는 추세다. 매일 구내식당에서 점심을 먹으면 질리지 않냐던 동료들도 어느새 구내식당 예찬론자가 돼 있었다. 시장이 반찬이란 말처럼 절약이 그 어느 반찬보다도 맛있다는 걸 깨달은 셈이다.

지난 3년간 절약을 통해 모은 5000만 원은 내게 통장 액수 그 이상의 것을 남겼다. 가계부 작성은 수시로 나를 돌아보게 했고 중고 물품을 판매하면서부턴 내게 꼭 필요한 것들만 남겼다. 식비를 아끼려 시작했던 남은 음식 포장은 얼떨결에 돈과 환경을 동시에 지키는 좋은 습관이 됐다. 지난 3년을 뒤로하고 앞으로의 3년도 다시 5000만 원 모으기에 나설 계획이다.

고물가 시대에 절약은 이제 궁상이 아닌 생존 방식이 되어가고 있다. 텅장(텅빈 통장)이 5000만 원짜리 통장으로 만들어지는 과정에서 나 스스로 던진 질문과 답을 모은 책이 짠테크를 시작하는 이들에게 보탬이 되길 바란다. 이 책이 나올 수 있도록 연재를 눈여겨봐 주신 신민식 가디언 대표님과 최은정 편집실장님 그리고 아주경제신문 가족들에게 감사의 말을 전한다.

홍승완

짠테크로 생각보다 많이 모았습니다

경제지 홍 기자가 알려주는 똑똑한 절약의 기술

초판 1쇄 발행	2022년 8월 22일
지은이	홍승완
펴낸이	신민식
펴낸곳	가디언
출판등록	제2010-000113호
주소	서울시 마포구 토정로 222 한국출판콘텐츠센터 306호
전화	02-332-4103
팩스	02-332-4111
이메일	gadian@gadianbooks.com
홈페이지	www.sirubooks.com

출판기획실 실장	최은정	**디자인**	이세영
경영기획실 팀장	이수정	**온라인 마케팅**	권예주

종이	월드페이퍼(주)
인쇄 제본	(주)상지사
ISBN	979-11-6778-051-5 (03320)